DIREITO ADMINISTRATIVO

1. A ADMINISTRAÇÃO PÚBLICA

1.1. CONCEITO: É a **atividade desenvolvida pelo Estado ou seus delegados**, sob o **regime de Direito Público**, destinada a atender de modo direto e imediato, necessidades concretas da coletividade. É **todo o aparelhamento do Estado para a prestação dos serviços públicos**, para **a gestão dos bens públicos** e **dos interesses da comunidade.**

"A Administração Pública direta e indireta ou fundacional, de qualquer dos poderes da União, dos Estados, do Distrito Federal e dos Municípios, obedecerá aos princípios de legalidade, impessoalidade, moralidade, publicidade e eficiência ..."

1.2. CARACTERÍSTICAS:

praticar atos tão somente de execução – estes atos são denominados atos administrativos; quem pratica estes atos são os órgãos e seus agentes, que são sempre públicos;

exercer atividade politicamente neutra - sua atividade é vinculada à Lei e não à Política;

ter conduta hierarquizada – dever de obediência - escalona os poderes administrativos do mais alto escalão até a mais humilde das funções;

praticar atos com responsabilidade técnica e legal – busca a perfeição técnica de seus atos, que devem ser tecnicamente perfeitos e segundo os preceitos legais;

caráter instrumental – a Administração Pública é um instrumento para o Estado conseguir seus objetivos. A Administração serve ao Estado.

competência limitada – o poder de decisão e de comando de cada área da Administração Pública é delimitada pela área de atuação de cada órgão.

1.3. PODERES ADMINISTRATIVOS

Vinculado: Quando a lei confere à Administração Pública poder para a prática de determinado ato, estipulando todos os requisitos e elementos necessários à sua validade.

Discricionário: Quando o Direito concede à Administração, de modo explícito ou implícito, poder para prática de determinado ato com liberdade de escolha de sua conveniência e oportunidade. Existe uma gradação.

Normativo: Embora a atividade normativa caiba predominantemente ao Legislativo, nele não se exaure, cabendo ao Executivo expedir regulamentos e outros atos normativos de caráter geral e de efeitos externos. É inerente ao Poder Executivo.

Hierárquico: É o meio de que dispõe a Administração Pública para <u>distribuir e escalonar as funções dos órgãos públicos</u>; <u>estabelecer a relação de subordinação entre seus agentes</u>; <u>e ordenar e rever a atuação de seus agentes</u>.

Disciplinar: É conferido à Administração para <u>apurar infrações e aplicar penalidades funcionais a seus agentes e demais pessoas sujeitas à disciplina administrativa</u>, como é o caso das que por ela são contratados;

Poder de Polícia: É a atividade da Administração Pública que, limitando ou disciplinando direitos, interesses ou liberdades individuais, **regula a prática do ato ou abstenção de fato**, em razão do interesse público. É aplicado aos particulares.

<u>Segmentos ==</u>

Policia Administrativa
= incide sobre bens, direitos e atividades;
= é regida pelo Direito Administrativo

Policia Judiciária
= incide sobre as pessoas
= destina-se à responsabilização penal

Poderes Administrativos	Características Básicas
Vinculado	poder para a prática de determinado ato, **estipulando todos os requisitos e elementos necessários à sua validade**.
Discricionário	poder para a prática de determinado ato, **com liberdade de escolha** de sua **conveniência e oportunidade**. Existe uma gradação.
Normativo	cabe ao Executivo **expedir regulamentos** e outros **atos de caráter geral e de efeitos externos**. É inerente ao Poder Executivo
Hierárquico	**distribuir e escalonar** as **funções dos órgãos públicos**; **estabelecer a relação de subordinação** entre seus agentes;
Disciplinar	**apurar infrações** e **aplicar penalidades funcionais** a seus agentes e demais pessoas **sujeitas à disciplina administrativa**
Poder de Polícia	**limita** ou **disciplina** direitos, interesses ou liberdades individuais; **regula** a **prática do ato** ou **abstenção de fato**, em razão do interesse público. É aplicado aos particulares.

LIMITAÇÕES DO PODER DE POLICIA

Necessidade o Poder de policia só deve ser adotado para evitar ameaças reais ou prováveis de perturbações ao interesse público;

Proporcionalidade é a exigência de uma relação entre a limitação ao direito individual e o prejuízo a ser evitado;

Eficácia a medida deve ser adequada para impedir o dano ao interesse público.

ATRIBUTOS DO PODER DE POLICIA

Discricionariedade   Consiste na livre escolha, pela Administração Pública, dos meios adequados para exercer o poder de policia, bem como, na opção quanto ao conteúdo, das normas que cuidam de tal poder.

Auto-Executoriedade   Possibilidade efetiva que a Administração tem de proceder ao exercício imediato de seus atos, sem necessidade de recorrer, previamente, ao Poder Judiciário.

Coercibilidade   É a imposição imperativa do ato de policia a seu destinatário, admitindo-se até o emprego da força pública para seu normal cumprimento, quando houver resistência por parte do administrado.

Atividade Negativa   Tendo em vista o fato de não pretender uma atuação dos particulares e sim sua abstenção, são lhes impostas obrigações de não fazer.

2. CENTRALIZAÇÃO E DESCENTRALIZAÇÃO

MODALIDADES E FORMAS DE PRESTAÇÃO DO SERVIÇO PÚBLICO

CENTRALIZAÇÃO: é a *prestação de serviços diretamente pela pessoa política prevista constitucionalmente*, sem delegação a outras pessoas. Diz-se que a **atividade do Estado é centralizada** quando *ele atua diretamente, por meio de seus órgãos*.

Obs.: **Órgãos** são simples repartições interiores da pessoa do Estado, e, por isso, dele não se distinguem. São meros feixes de atribuições - não têm responsabilidade jurídica própria – toda a sua atuação é imputada às pessoas a que pertencem. São divisões da Pessoa Jurídica.

Se os **serviços estão sendo prestados pelas Pessoas Políticas** constitucionalmente competentes, estará havendo **centralização**.

DESCENTRALIZAÇÃO: é a **transferência de execução do serviço** ou da titularidade do serviço **para outra pessoa, quer seja de direito público ou de direito privado.**

São **entidades descentralizadas** de **direito público**: Autarquias e Fundações Públicas.

São **entidades descentralizadas** de **direito privado**: Empresas Públicas, Sociedades de Economia Mista.

Pode, inclusive, a execução do serviço ser transferida para entidades que não estejam integradas à Administração Pública, como: **Concessionárias de Serviços Públicos e Permissionárias.**

A **descentralização**, mesmo *que seja para entidades particulares*, **não retira o caráter público do serviço, apenas transfere a execução.**

3. PRINCÍPIOS DA ADMINISTRAÇÃO PÚBLICA

Antigamente havia uma preocupação doutrinária no sentido de se orientar os administradores públicos para terem um comportamento especial frente à Administração Pública.

Esse comportamento especial, regido por princípios básicos administrativos, no Brasil foi aparecendo nas leis infraconstitucionais. Posteriormente, em 1988, os constituintes escreveram no art. 37 da CF um capítulo sobre a Administração Pública, cujos princípios são elencados a seguir:

1) *PRINCÍPIO DA LEGALIDADE*   segundo ele, **todos os atos da Administração** têm que estar **em conformidade com os princípios legais**.

Este princípio observa não só as leis, mas também os regulamentos que contém as normas administrativas contidas em grande parte do texto Constitucional. Quando a Administração Pública se afasta destes comandos, pratica atos ilegais, produzindo, por conseqüência, atos nulos e respondendo por sanções por ela impostas (Poder Disciplinar). Os servidores, ao praticarem estes atos, podem até ser demitidos.

Um administrador de empresa particular pratica tudo aquilo que a lei não proíbe. Já o administrador público, por ser obrigado ao estrito cumprimento da lei e dos regulamentos, *só pode praticar o que a lei permite*. É a lei que distribui competências aos administradores.

2) *PRINCÍPIO DA IMPESSOALIDADE*   no art. 37 da CF o legislador fala também da impessoalidade. No campo do Direito Administrativo esta palavra foi uma novidade. O legislador não colocou a palavra finalidade.

Surgiram duas correntes para definir "*impessoalidade*":

Impessoalidade relativa aos administrados: segundo esta corrente, a Administração só pode praticar atos impessoais se tais atos vão **propiciar o bem comum** (a coletividade). A explicação para a impessoalidade pode ser buscada no próprio texto Constitucional através de uma interpretação sistemática da mesma. Por exemplo, de acordo com o art. 100 da CF, "*à exceção dos créditos de natureza alimentícia, os pagamentos devidos pela Fazenda .....far-se-ão na ordem cronológica de apresentação dos precatórios ..*" . Não se pode pagar fora desta ordem, pois, do contrário, a Administração Pública estaria praticando ato de impessoalidade;

Impessoalidade relativa à Administração : segundo esta corrente, **os atos impessoais** se originam da Administração, não importando quem os tenha praticado. *Esse princípio deve ser entendido para excluir a promoção pessoal de autoridade ou serviços públicos sobre suas relações administrativas no exercício de fato*, pois, de acordo com os que defendem esta corrente, **os atos são dos órgãos e não dos agentes públicos**;

3) *PRINCÍPIO DA FINALIDADE*   relacionado com a impessoalidade relativa à Administração, este princípio **orienta que as normas administrativas tem que ter SEMPRE como OBJETIVO** o INTERESSE PÚBLICO.

Assim, **se o agente público pratica atos em conformidade com a lei**, encontra-se, indiretamente, com **a finalidade, que está embutida na própria norma**. Por exemplo, em relação à finalidade, uma reunião, um comício ou uma passeata de interesse coletivo, autorizadas pela Administração Pública, poderão ser dissolvidas, se se tornarem violentas, a ponto de causarem problemas à coletividade (***desvio da finalidade***).

Nesse caso, quem dissolve a passeata, **pratica um ato de interesse público** da **mesma forma que aquele que a autoriza**. O **desvio da finalidade pública** também pode ser encontrado nos casos de desapropriação de imóveis pelo Poder Público, com finalidade pública, ***através de indenizações ilícitas***;

4) *PRINCÍPIO DA MORALIDADE*   este princípio está **diretamente relacionado com os próprios atos dos cidadãos comuns** em seu convívio com a comunidade, ligando-se à moral e à ética administrativa, estando esta última sempre presente na vida do administrador público, sendo mais rigorosa que a ética comum.

Por exemplo, ***comete ATO IMORAL o Prefeito Municipal que empregar a sua verba de representação em negócios alheios à sua condição de Administrador Público***, pois, É SABIDO QUE O **ADMINISTRADOR PÚBLICO TEM QUE SER HONESTO**, TEM QUE **TER PROBIDADE** E, QUE *TODO ATO ADMINISTRATIVO, ALÉM DE SER LEGAL, TEM QUE SER MORAL*, <u>sob pena de sua nulidade</u>.

Nos casos de **IMPROBIDADE ADMINISTRATIVA**, os governantes **podem ter suspensos os seus direitos políticos**, além da **perda do cargo para a Administração**, seguindo-se o **ressarcimento dos bens** e a **nulidade do ato ilicitamente praticado**. Há um sistema de fiscalização ou mecanismo de controle de todos os atos administrativos praticados. Por exemplo, o Congresso Nacional exerce esse controle através de uma fiscalização contábil externa ou interna sobre toda a Administração Pública.

5) *PRINCÍPIO DA PUBLICIDADE*   é a **divulgação oficial do ato da Administração para a ciência do público em geral,** com efeito de iniciar a sua atuação externa, ou seja, de gerar efeitos jurídicos.   Esses efeitos jurídicos podem ser de direitos e de obrigações.

Por exemplo, o Prefeito Municipal, com o **objetivo de preencher determinada vaga existente na sua Administração,** NOMEIA ALGUÉM para o cargo de Procurador Municipal. No entanto, **para que esse ato de nomeação tenha validade**, ELE DEVE SER PUBLICADO. **E após a sua publicação, o nomeado terá 30 dias para tomar posse.** Esse princípio da publicidade é uma generalidade. *Todos os atos da Administração têm que ser públicos.*

A **PUBLICIDADE DOS ATOS ADMINISTRATIVOS** sofre as **seguintes exceções**:

nos casos de segurança nacional: seja ela de origem militar, econômica, cultural etc.. Nestas situações, os atos não são tornados públicos. Por exemplo, os órgãos de espionagem não fazem publicidade de seus atos;

nos casos de investigação policial: onde o Inquérito Policial é extremamente sigiloso (só a ação penal que é pública);

nos casos dos atos internos da Adm.Pública: nestes, por não haver interesse da coletividade, não há razão para serem públicos.

Por outro lado, embora os processos administrativos devam ser públicos, a publicidade se restringe somente aos seus atos intermediários, ou seja, a determinadas fases processuais.

Por outro lado, a **Publicidade,** ao mesmo tempo que inicia os atos, **também possibilita àqueles que deles tomam conhecimento, de utilizarem os REMÉDIOS CONSTITUCIONAIS** contra eles. Assim, com base em diversos incisos do art. 5º da CF, o **interessado poderá se utilizar:**

> do **_Direito de Petição_**;
> do **_Mandado de Segurança_** (remédio heróico contra atos ilegais envoltos de abuso de poder);
> da **_Ação Popular_**;
> **_Habeas Data_**;
> **_Habeas Corpus_**.

A publicidade dos atos administrativos é feita tanto na esfera federal (através do Diário Oficial Federal) como na estadual (através do Diário Oficial Estadual) ou municipal (através do Diário Oficial do Município). Nos Municípios, se não houver o Diário Oficial Municipal, a publicidade poderá ser feita através dos jornais de grande circulação ou afixada em locais conhecidos e determinados pela Administração.

Por último, a **Publicidade deve ter objetivo educativo, informativo e de interesse social**, NÃO PODENDO SER UTILIZADOS SÍMBOLOS, IMAGENS ETC. que **_caracterizem a promoção pessoal do Agente Administrativo_**.

4. RELAÇÕES JURÍDICAS DA ADMINISTRAÇÃO COM PARTICULARES

UNILATERAIS –   "atos administrativos".

BILATERAIS –   ***"contratos administrativos atípicos ou semipúblico da Administração"*** (regidos pelas normas do Direito Privado - Civil; posição de igualdade com o particular contratante) ou

"contratos administrativos típicos ou propriamente dito" (regidos pelas regras do Direito Público - Administrativo; supremacia do Poder Público).

MODALIDADES:

- de colaboração –   é todo aquele em que **o particular se obriga a prestar ou realizar algo para a Administração**, como ocorre nos ajustes de obras, serviços ou fornecimentos; **é *realizado no interesse precípuo da Administração.***

- de atribuição –   é o em que **a Administração confere determinadas vantagens ou certos direitos ao particular**, tal como uso especial de bem público; **é *realizado no interesse precípuo do particular***, desde que não contrarie o interesse público.

ESPÉCIES:

> **- contrato de obra pública;**
> **- contrato de fornecimento e serviços;**
> **- contrato de consultoria pública;**
> **- contrato de permissão e concessão de uso e serviço;**
> **- contrato de risco;**
> **- contrato de gestão** etc.

PARTES:

CONTRATANTE –   é o órgão ou entidade signatária do instrumento contratual.

CONTRATADO –   é a pessoa física ou jurídica signatária de contrato com a Administração Pública.

PRINCÍPIOS E FUNDAMENTOS REGENTES:

Básicos

"***lex inter partes***":   (lei entre as partes) - **impede a alteração** do que as partes convencionaram;

"pacta sunt servanda" : (observância do pactuado) - **obriga as partes a cumprir fielmente o que avençaram e prometeram** reciprocamente.

Setoriais   norteadores dos contratos administrativos:

vinculação da Administração ao *interesse público*;

prescrição de legitimidade das cláusulas contratuais celebradas;

alterabilidade das *cláusulas regulamentares*;

excepcionalidade dos contratos de atribuição.

CONTEÚDO: têm que obrigatoriamente, aterem-se aos termos da lei e a presença inaportável da *finalidade pública*.

LEGISLAÇÃO DISCIPLINADORA: em nosso direito, compete à União expedir normas gerais sobre contratação (art. 22, XXVII, CF) - as referidas normas gerais, bem assim como a legislação específica da União estão previstas:

na *Lei n° 8.666/93, com as alterações introduzidas pelas Leis n°s. 8.883/94 e 9.648/98*.

a *Lei n° 8.666/93* estabelece normas gerais sobre *"licitações"* e *"contratos administrativos"* pertinentes a obras, serviços, inclusive de publicidade, compras, alienações e locações no âmbito dos Poderes da União, dos Estados, do DF e dos Municípios; além dos órgãos da administração direta, subordinam a esta lei, os fundos especiais, as autarquias, as fundações públicas, as empresas públicas, as sociedades de economia mista e demais entidades controladas direta e indiretamente pela União, Estados, DF e Municípios.

REQUISITOS DE VALIDADE: *licitude do objeto* e a própria *forma do contrato*, que preferencialmente, deve ser a prescrita em lei, embora nada obste à forma livre, desde que não vedada em lei.

REQUISITOS FORMAIS: deve mencionar:

os *nomes das partes e os de seus representantes*;
a *finalidade*;
o *ato que autorizou a sua lavratura*;
o *n° do processo de licitação, da dispensa ou da inexigibilidade*;
a *sujeição dos contratantes às normas da Lei n° 8.666/93 e às cláusulas contratuais*,
bem como *a publicação resumida do "instrumento do contrato"**

5. ESPÉCIES DE REGIMES JURÍDICOS

REGIMES JURÌDICOS

A Emenda Constitucional n° 19 **ELIMINOU <u>a exigência</u> de REGIME JURÍDICO ÚNICO** para a *administração direta, autárquica e fundacional*.

Sabemos que a CF previu a existência de um **REGIME JURÍDICO ÚNICO (RJU)** para os servidores da Administração Direta, das Autarquias e das Fundações Públicas – esse **Regime Jurídico Único** é de <u>**natureza estatutária**</u> e no âmbito da União está previsto na Lei 8112/90.

<u>**Regime Estatutário**</u>   estabelecido por lei em cada esfera de governo (**natureza legal**)

A Lei n°9.962, de 22 de fevereiro de 2000 , **disciplinou o regime de emprego público** do pessoal da Administração federal direta, autárquica e fundacional, no âmbito federal. *Determinou a aplicação do regime celetista* aos servidores federais.

No entanto, o referido regime apresenta peculiaridades, *aplicando-se a legislação trabalhista naquilo que a lei não dispuser em contrário.* **É imprescindível a criação dos empregos públicos, por leis específicas.** Os atuais cargos do regime estatutário poderão ser transformados em empregos, também por leis específicas.

Não poderão submeter-se ao regime trabalhista os cargos de provimento em comissão, bem como os que forem servidores estatutários anteriormente às leis que criarem os empregos públicos.

A **contratação dos servidores** deverá ser **precedida de concurso público de provas ou de provas e títulos.**

A **rescisão do contrato de trabalho por tempo indeterminado** NÃO PODERÁ ser realizada **livremente** pela Administração. Será **imprescindível que se caracterizem as hipóteses previstas** no art. 3° da mencionada lei:
> falta grave;
> acumulação ilegal de cargos, empregos ou funções públicas;
> necessidade de redução do quadro de pessoal, por excesso de despesa; e
> insuficiência de desempenho.

Regime Estatutário significa *a inexistência de um acordo de vontades no que tange às condições de prestação do serviço* – A Administração não celebra contrato com o Servidor Estatutário – *as condições de prestação do serviço estão traçadas na Lei.* O servidor ao tomar posse no cargo público, coloca-se sob essas condições, não tendo, no entanto, o direito à persistência das mesmas condições de trabalho existentes no momento em que ele tomou posse. **Trata-se de um <u>REGIME LEGAL</u>.**

No caso do **servidor público <u>não existe contrato</u>**, existe um **Estatuto ao qual se submete** – que é o Regime Jurídico Estatutário o qual se ajusta ao interesse público. As modificações são unilaterais porque são ditadas pelo interesse público, daí porque preservam a sua supremacia.

Importante é a exigência do Concurso Público, que não se limitou ao ingresso na Administração Direta, mas também na Indireta, inclusive nas Empresas Públicas e Sociedades de Economia Mista.

Regime Trabalhista   regido pela CLT, mas submete-se às normas constitucionais **(natureza contratual)**

O **servidor celetista** é **ocupante de emprego público**.

Não adquirirá estabilidade. No entanto, a *sua dispensa terá de fundamentar-se em um dos motivos legais.*

os empregados em geral **regidos pela CLT** possuem um **regime contratual** o que significa dizer que em princípio **ajustam as condições de trabalho** e assim ajustadas *não podem ser modificadas unilateralmente.*

6. REGIME JURÍDICO DOS SERVIÇOS PÚBLICOS

Conceito   Serviço Público é todo aquele prestado pela Administração ou por seus delegados, sob normas e controles estatais, para satisfazer necessidades essenciais ou secundárias da coletividade ou simples conveniências do Estado.

A atribuição primordial da Administração Pública é oferecer utilidades aos administrados, não se justificando sua presença senão para prestar serviços à coletividade.
Esses serviços podem ser **essenciais** ou **apenas úteis** à comunidade, daí a necessária distinção entre serviços públicos e serviços de utilidade pública; mas, em sentido amplo e genérico, quando aludimos a serviço público, abrangemos ambas as categorias.

Particularidades do Serviço Público
são vinculados ao princípio da legalidade;
a Adm. Pública pode unilateralmente criar obrigações aos exploradores do serviço;
continuidade do serviço;

Características

Elemento Subjetivo - o serviço público é sempre incumbência do Estado. É permitido ao Estado delegar determinados serviços públicos, sempre através de lei e sob regime de **concessão** ou **permissão** e por **licitação**. É o próprio Estado que escolhe os serviços que, em determinado momento, são considerados serviços públicos. *Ex.:* *Correios; telecomunicações; radiodifusão; energia elétrica; navegação aérea e infra-estrutura portuária; transporte ferroviário e marítimo entre portos brasileiros e fronteiras nacionais; transporte rodoviário interestadual e internacional de passageiros; portos fluviais e lacustres; serviços oficiais de estatística, geografia e geologia – IBGE; serviços e instalações nucleares;*
Serviço que compete aos Estados   distribuição de gás canalizado;

Elemento Formal – o regime jurídico, a princípio, é de Direito Público. Quando, porém, particulares prestam serviço em colaboração com o Poder Público o regime jurídico é híbrido, podendo prevalecer o Direito Público ou o Direito Privado, dependendo do que dispuser a lei. Em ambos os casos, **a responsabilidade é objetiva**. (os danos causados pelos seus agentes serão indenizados pelo Estado)

Elemento Material – o serviço público deve corresponder a uma atividade de interesse público.

Princípios do Serviço Público   Faltando qualquer desses requisitos em um serviço público ou de utilidade pública, é dever da Administração intervir para restabelecer seu regular funcionamento ou retomar sua prestação.

Princípio da Permanência ou continuidade - impõe continuidade no serviço; os serviços não devem sofrer interrupções;
Princípio da generalidade - impõe serviço igual para todos; devem ser prestados sem discriminação dos beneficiários;
Princípio da eficiência - exige atualização do serviço, com presteza e eficiência;
Princípio da modicidade - exige tarifas razoáveis; os serviços devem ser remunerados a preços razoáveis;
Princípio da cortesia - traduz-se em bom tratamento para com o público.

Classificação dos Serviços Públicos

Serviços Públicos são os que a Administração presta diretamente à comunidade, por reconhecer sua **essencialidade e necessidade** para a sobrevivência do grupo social e do próprio Estado. Por isso mesmo, tais serviços são considerados privativos do Poder Público, no sentido de que só a Administração deve prestá-los, sem delegação a terceiros.
Ex.: defesa nacional, de polícia, de preservação da saúde pública.

Serviços de Utilidade Pública Serviços de utilidade pública são os que a Administração, reconhecendo sua **conveniência** (não essencialidade, nem necessidade) para os membros da coletividade, presta-os diretamente ou aquiesce em que sejam prestados por terceiros (concessionários, permissionários ou autorizatários), nas condições regulamentadas e sob seu controle, mas por conta e risco dos prestadores, mediante remuneração dos usuários.
Ex.: os serviços de transporte coletivo, energia elétrica, gás, telefone.

Serviços próprios do Estado são aqueles que se relacionam intimamente com as atribuições do Poder Público (_Ex.: segurança, polícia, higiene e saúde públicas etc._) e para a execução dos quais a Administração usa da sua supremacia sobre os administrados. Não podem ser delegados a particulares. Tais serviços, por sua essencialidade, geralmente são gratuitos ou de baixa remuneração.

Serviços impróprios do Estado são os que não afetam substancialmente as necessidades da comunidade, mas satisfazem interesses comuns de seus membros, e, por isso, a Administração os presta remuneradamente, por seus órgãos ou entidades descentralizadas (_Ex.: autarquias, empresas públicas, sociedades de economia mista, fundações governamentais_), ou delega sua prestação.

Serviços Gerais ou _"uti universi"_ são aqueles que a Administração presta sem Ter usuários determinados, para atender à coletividade no seu todo. Ex.: polícia, iluminação pública, calçamento. Daí por que, normalmente, os serviços uti universi devem ser mantidos por imposto (tributo geral), e não por taxa ou tarifa, que é remuneração mensurável e proporcional ao uso individual do serviço.

Serviços Individuais ou "uti singuli" são os que têm usuários determinados e utilização particular e mensurável para cada destinatário. _Ex.: o telefone, a água e a energia elétrica domiciliares._ São sempre serviços de utilização individual, facultativa e mensurável, pelo quê devem ser remunerados por taxa (tributo) ou tarifa (preço público), e não por imposto.

Serviços Industriais são os que produzem renda mediante uma remuneração da utilidade usada ou consumida. _Ex.: ITA, CTA._

Serviços Administrativos são os que a administração executa para atender as suas necessidades internas. _Ex.: Imprensa Oficial._

Competências e Titularidades

interesses próprios de cada esfera administrativa

a natureza e extensão dos serviços

a capacidade para executá-los vantajosamente para a Administração e para os administrados.

Podem ser:
Privativos

da União - defesa nacional; a polícia marítima, aérea e de fronteiras; a emissão de moeda; o serviço postal; os serviços de telecomunicações em geral; de energia elétrica; de navegação aérea, aeroespacial e de infra-estrutura portuária; os de transporte interestadual e internacional; de instalação e produção de energia nuclear; e a defesa contra calamidades públicas.

dos Estados – distribuição de gás canalizado;

dos Municípios - o transporte coletivo; a obrigação de manter programas de educação pré-escolar e de ensino fundamental; os serviços de atendimento à saúde da população; o ordenamento territorial e o controle do uso, parcelamento e ocupação do solo urbano; a proteção ao patrimônio histórico-cultural local.

Comuns
serviços de saúde pública (SUS); promoção de programas de construção de moradia; proteção do meio ambiente;

Usuários
o direito fundamental do usuário é o recebimento do serviço;
os serviços *uti singuli* podem ser exigidos judicialmente pelo interessado que esteja na área de sua prestação e atenda as exigências regulamentares para sua obtenção;

A transferência da execução do serviço público pode ser feita por **OUTORGA** ou por **DELEGAÇÃO.**

OUTORGA: implica na **transferência da própria titularidade do serviço.**

Quando, por exemplo, a União cria uma Autarquia e transfere para esta a titularidade de um serviço público, não transfere apenas a execução. Não pode mais a União retomar esse serviço, a não ser por lei. Faz-se através de lei e só pode ser retirada através de lei.

Outorga significa, portanto, a transferência da própria titularidade do serviço da pessoa política para a pessoa administrativa, que desenvolve o serviço em seu próprio nome e não no de quem transferiu. É sempre feita por lei e somente por outra lei pode ser mudada ou retirada.

DELEGAÇÃO: implica na **mera transferência da execução do serviço.** Realiza-se por **ato** ou **contrato** administrativo. São as *concessões* e *permissões* do serviço público.

Pode ser retirado por um ato de mesma natureza.

Deve ser **autorizada por lei.**

Concentração e **Desconcentração** ocorrem no âmbito de uma mesma pessoa.

DESCONCENTRAÇÃO: existe quando as **atividades estiverem distribuídas entre os órgãos de uma mesma pessoa** – quando forem as *atribuições transferidas dos órgãos centrais para os locais/periféricos.*

CONCENTRAÇÃO: ocorre o **inverso da desconcentração**. Há uma *transferência das atividades dos órgãos periféricos para os centrais.*

Obs.:   tanto a **concentração** como a **desconcentração** poderá ocorrer na estrutura administrativa centralizada ou descentralizada.

Ex.: o INSS é exemplo de **descentralização.**

A **União** é um exemplo de **centralização administrativa** – mas as atribuições podem ser exercidas por seus órgãos centrais – *há concentração dentro de uma estrutura centralizada.*

Desconcentração dentro de uma estrutura centralizada – quando há **delegação de atribuição.**

Administração Direta: corresponde à *centralização.*

Administração indireta: corresponde à **descentralização.**

OUTORGA	DELEGAÇÃO
O Estado cria a entidade **O serviço é transferido por lei**	**o particular cria a entidade** **o serviço é transferido por lei, contrato (concessão) ou por** **ato unilateral (permissão)**
Transfere-se a titularidade **Presunção de definitividade**	**transfere-se a execução** **transitoriedade**

Concessão e Permissão de Serviços Públicos

É **incumbência do Poder Público**, na forma da lei, **diretamente ou sob regime de concessão** ou **permissão**, *sempre através* **de licitação**, *a prestação de serviços públicos.*

Existe a necessidade de lei autorizativa

A lei disporá sobre:

I -   o *regime das empresas concessionárias e permissionárias* de serviços públicos, o **caráter especial de seu** contrato e de sua prorrogação, bem como as condições de *caducidade, fiscalização e rescisão da concessão ou permissão;*

II -   os direitos dos usuários;

III -   política tarifária;

IV -   a obrigação de manter serviço adequado.

CONCESSÃO   é a *delegação contratual* da execução do serviço, na forma autorizada e regulamentada pelo Executivo. O **contrato** de Concessão é ajuste de Direito Administrativo, **bilateral, oneroso, comutativo** e realizado ***intuito personae***

PERMISSÃO   é tradicionalmente considerada pela doutrina como **ato unilateral, discricionário, precário, *intuito personae***, podendo ser **gratuito ou oneroso**. O termo contrato, no que diz respeito à Permissão de serviço público, tem o sentido de instrumento de delegação, abrangendo, também, os atos administrativos.

Doutrina   Ato Administrativo
Lei   Contrato Administrativo (contrato de Adesão);

Direitos dos Usuários   participação do usuário na administração:

I -   as **reclamações relativas à prestação dos serviços públicos** em geral, asseguradas *à manutenção de serviços de atendimento ao usuário e a avaliação periódica, externa e interna, da qualidade* **dos serviços**;

II -   o **acesso dos usuários a registros administrativos** e a informações sobre atos de governo;

III -   a **disciplina da representação** *contra o exercício negligente ou abusivo de cargo, emprego ou função na administração pública.*

Política Tarifária   os serviços públicos são ***remunerados mediante tarifa***.

Licitação

    Concessão   Exige Licitação modalidade ***Concorrência***
    Permissão Exige Licitação

Contrato de Concessão

Contratar terceiros	*Atividades acessórias ou complementares*
Sub-concessão	*Mediante autorização*
Transferência de concessão e Controle societário	*Só com anuência*

Encargos do Poder Concedente   ***regulamentar o serviço***; ***fiscalizar***; poder de realizar a rescisão através de ato unilateral;

Encargos da Concessionária   ***prestar serviço adequado***; *cumprir as cláusulas contratuais;*

Intervenção nos Serviços Públicos   *para assegurar a regular execução dos serviços, o* **Poder Concedente pode, *através de* Decreto**, *instaurar procedimentos administrativos para intervir* nos serviços prestados pelas concessionárias.

Extinção da Concessão

Advento do Termo Contratual ao término do contrato, o *serviço é extinto*;

Encampação ou Resgate é a ***retomada do serviço pelo Poder Concedente durante o prazo da concessão***, por motivos de interesse público, **mediante Lei Autorizativa** específica e ***após prévio pagamento da indenização***.

Caducidade ***corresponde à rescisão unilateral*** pela **não execução ou descumprimento de cláusulas contratuais**, ou quando por qualquer motivo **o concessionário paralisar os serviços**.

Rescisão ***por iniciativa da concessionária***, *no caso de descumprimento das normas contratuais pelo Poder Concedente*, **mediante ação judicial.**

Anulação ***por ilegalidade na licitação ou no contrato administrativo***;

Falência ou Extinção da Concessionária;

Falecimento ou incapacidade do titular, no caso de empresa individual;

<u>**Autorização**</u> a Administração **autoriza o exercício de atividade** que, por sua utilidade pública, está *sujeita ao poder de polícia do Estado*. É realizada por ***ato administrativo, discricionário e precário (ato negocial)***. É a transferência ao particular, de serviço público de fácil execução, sendo de ***regra sem remuneração ou remunerado através de tarifas***. <u>*Ex.:*</u> *Despachantes; a manutenção de canteiros e jardins em troca de placas de publicidade.*

Convênios e Consórcios Administrativos

Convênios Administrativos são acordos firmados por **entidades públicas** de qualquer espécie, ou **entre estas e organizações particulares**, para realização de objetivos de interesse comum dos partícipes.

Consórcios Administrativos são acordos firmados entre **entidades estatais, autárquicas, fundacionais ou paraestatais, sempre da mesma espécie**, para realização de objetivos de interesse comum dos partícipes.

Agências Reguladoras A Reforma Administrativa ora sendo implantada previu a criação de **autarquias especiais** que vão **exercer o papel de poder concedente** relativamente aos ***serviços públicos transferidos para particulares*** através do **contrato de concessão de serviços públicos**. Elas irão receber *maior autonomia administrativa , orçamentária e financeira* mediante **contratos de gestão** firmados pelos seus administradores com o poder público. Já foram criadas algumas Agências Reguladoras, como por exemplo:
ANEEL – Agência Nacional de Energia Elétrica;
ANATEL – Agência Nacional de Telecomunicações;
ANP – Agência Nacional do Petróleo

Agências Executivas   também são **autarquias** que vão **desempenhar atividades de execução na administração pública**, *desfrutando de autonomia* decorrente de contrato de gestão. É **necessário um decreto do Presidente da República**, *reconhecendo a autarquia como Agência Executiva*.   Ex.: **INMETRO**.

<u>**Organizações Sociais**</u> **(ONG´s)**

São **pessoas jurídicas de Direito Privado**, *sem fins lucrativos*, instituídas por iniciativa de particulares, para desempenhar serviços sociais não exclusivos do Estado, com incentivo e fiscalização do Poder Público, mediante vínculo jurídico instituído por meio de **contrato de gestão**.

7. CONTRATOS ADMINISTRATIVOS

Contrato: é todo acordo de vontades, firmado livremente pelas partes, para criar obrigações e direitos recíprocos

CONTRATO ADMINISTRATIVO: é o ajuste que a Administração, agindo nessa qualidade, **firma com o particular ou outra entidade administrativa** PARA A CONSECUÇÃO DE OBJETIVOS DE INTERESSE PÚBLICO, nas **condições estabelecidas pela própria Administração.**

CARACTERÍSTICAS

Consensual: acordo de vontades, e não um ato unilateral e impositivo da Administração;

Formal: expressado por escrito e com requisitos especiais;

Oneroso: remunerado na forma convencionada;

Comutativo: porque estabelece compensações recíprocas;

Intuitu Personae: Deve ser executado pelo próprio contratado, vedadas, em princípio, a sua substituição por outrem ou a transferência de ajuste.

MODALIDADES DE CONTRATOS ADMINISTRATIVOS

1. CONTRATO DE OBRA PÚBLICA: Trata-se do **ajuste levado a efeito pela Administração Pública com um particular**, que **tem por objeto** A CONSTRUÇÃO, A REFORMA OU AMPLIAÇÃO DE CERTA OBRA PÚBLICA. Tais contratos só podem ser realizados com profissionais ou empresa de engenharia, registrados no **CREA.**

Pela **EMPREITADA**, atribui-se ao particular *a execução da obra mediante remuneração previamente ajustada.*

Pela **Tarefa, outorga-se ao particular** contratante *a execução de pequenas obras ou parte de obra maior, mediante remuneração por preço certo, global ou unitário.*

2. CONTRATO DE SERVIÇO: Trata-se de **acordo celebrado pela Administração Pública com certo particular.** São serviços de demolição, conserto, instalação, montagem, operação, conservação, reparação, manutenção, transporte, etc. **Não podemos confundir contrato de serviço com contrato de concessão de serviço.** No Contrato de Serviço a Administração recebe o serviço. Já na Concessão, presta o serviço ao Administrado por intermédio de outrem.

3. CONTRATO DE FORNECIMENTO: É o **acordo através do qual a Administração Pública adquire, por compra, coisas móveis de certo particular, com quem celebra o ajuste.** Tais bens destinam-se à realização de obras e manutenção de serviços públicos. Ex. materiais de consumo, produtos industrializados, gêneros alimentícios, etc.

4. CONTRATO DE GESTÃO: é o *ajuste celebrado pelo Poder Público com órgão ou entidade da Administração Direta, Indireta e entidades privadas qualificadas como ONG's*

5. CONTRATO DE CONCESSÃO: Trata-se de **ajuste, oneroso ou gratuito, efetivado sob condição pela Administração Pública,** chamada CONCEDENTE, **com certo particular,** o CONCESSIONÁRIO, **visando transferir o uso de determinado bem público.** É contrato precedido de autorização legislativa.

PECULIARIDADES DOS CONTRATOS ADMINISTRATIVOS

A Administração Pública aparece com uma **série de prerrogativas** que **garantem sua supremacia sobre o particular.** Tais peculiaridades constituem as chamadas **CLÁUSULAS EXORBITANTES**, explícitas ou implícitas, em todo contrato administrativo.

CLÁUSULAS EXORBITANTES jamais seriam possíveis no Direito Privado

1. Exigência de Garantia
2. Alteração ou Rescisão Unilateral por parte da Administração;
3. Fiscalização;
4. Retomada do Objeto;
5. Aplicação de Penalidades e Anulação
6. Equilíbrio Econômico e Financeiro;
7. Impossibilidade do Particular Invocar a Exceção do Contrato não Cumprido;

1. **Exigência de Garantia:**   Após ter vencido a **Licitação**, *é feita uma exigência ao contratado*, a qual pode ser: **Caução em dinheiro, Títulos da Dívida Pública, Fiança Bancária, etc**. Esta garantia **será devolvida após a execução do contrato**. Caso o contratado tenha dado causa a rescisão contratual, a Administração **poderá reter a garantia a título de ressarcimento.**

2. **Alteração ou Rescisão Unilateral:**   A Administração Pública tem o dever de zelar pela eficiência dos serviços públicos e, muitas vezes, celebrado um contrato de acordo com determinados padrões, posteriormente, observa-se que estes não mais servem ao interesse público, quer no plano dos próprios interesses, quer no plano das técnicas empregadas. Essa **ALTERAÇÃO** não pode sofrer resistência do particular contratado, desde que o Poder Público observe uma cláusula correlata, qual seja, o **EQUILÍBRIO ECONÔMICO e financeiro do contrato.**

motivos ensejadores de alterações nos **Contratos**

I -   **não cumprimento de cláusulas contratuais**, especificações, projetos ou prazos;

II -   **a lentidão** do seu cumprimento, **o atraso injustificado** no início da obra, serviço ou fornecimento ou a **paralisação da obra, do serviço ou do fornecimento**, sem justa causa e prévia comunicação à Administração;

III -   a decretação de **falência ou a instauração de insolvência civil; a dissolução da sociedade** ou o **falecimento do contratado,** ou ainda, a **alteração social** ou a **modificação da finalidade ou da estrutura da empresa** que prejudique a execução do contrato;

IV -   **razões de interesse público;**

V -   **a ocorrência de caso fortuito ou de força maior;**

3. **Fiscalização:**   Os **contratos administrativos** prevêem a possibilidade **de controle e fiscalização a ser exercido pela própria Administração**. Deve a Administração fiscalizar, acompanhar a execução do contrato, admitindo-se, inclusive, uma intervenção do Poder Público no contrato, assumindo a execução do contrato para eliminar falhas, preservando o interesse público.

4. **Retomada do Objeto:**   O **princípio da continuidade do serviço público AUTORIZA a retomada do objeto de um contrato,** sempre que a paralisação ou a ineficiente execução possam ocasionar prejuízo ao interesse público.

5. **Aplicação de Penalidades:** Pode o Poder Público **IMPOR PENALIDADES** em decorrência da fiscalização e controle (aplicação de multas

e, em casos extremos, a proibição de contratar com a Administração Pública). Resulta **do princípio da "autoexecutoriedade"** e do poder de polícia da Administração Pública.

OBS: É evidente que no contrato de direito privado seria inadmissível a aplicação das sanções penais que exigem intervenção do Poder Judiciário.

6. Equilíbrio Financeiro: Nos contratos administrativos, **os direitos dos contratados** estão basicamente voltados para as chamadas **cláusulas econômicas.**

O **contratado** tem o **direito à manutenção** ao longo da execução do contrato, da **mesma proporcionalidade entre encargos e vantagens estabelecidas no momento em que o contrato foi celebrado.**

Por isso, **se a Administração alterar cláusulas do serviço,** IMPONDO MAIS GASTOS ou ÔNUS AO CONTRATADO, **DEVERÁ,** de modo correlato, **proporcionar modificação na remuneração a que o contratado faz jus,** sob pena do contratado **reclamar judicialmente PLEITEANDO O EQUILÍBRIO ECONÔMICO FINANCEIRO,** *que é a manutenção da comutatividade na execução do contrato (equivalência entre as prestações – comutativo).*

7. Exceção do Contrato não Cumprido: É a **impossibilidade** do Particular invocar a **Exceção do Contrato não cumprido.** Nos contratos de direito privado**, de natureza bilateral,** ou seja, naqueles em que existem obrigações recíprocas, **é admissível a exceção do contrato não cumprido** – a parte pode dizer que somente cumprirá a obrigação se a outra parte cumprir a sua.

No entanto, nos contratos administrativos, afirma-se que o **princípio da continuidade dos serviços públicos** IMPOSSIBILITA AO PARTICULAR argüir a exceção do contrato não cumprido. Se a Administração descumpriu uma cláusula contratual, o particular não deve paralisar a execução do contrato, mas postular perante o Poder Judiciário as reparações cabíveis ou a rescisão contratual.

a **inoponibilidade da exceção do contrato não cumprido** só prevaleceria para os contratos de serviços públicos. Nos demais, seria impossível a inoponibilidade da exceção do contrato não cumprido. **Hoje,** a Lei 8.666/93 – Contratos e Licitações – **prevê a paralisação da execução do contrato não pago por período acima de 90 dias.**

INTERPRETAÇÃO DOS CONTRATOS

As normas que regem os contratos administrativos são as de Direito Público, suplementadas pelos princípios da teoria geral dos contratos e do Direito Privado.

Nos contratos administrativos celebrados em prol da coletividade não se pode interpretar suas cláusulas contra essa mesma coletividade.

Existem princípios que não podem ser desconsiderados pelos intérpretes, tais como a "vinculação da administração ao interesse público", "presunção de legitimidade das cláusulas contratuais".

Qualquer cláusula que contrarie o interesse público ou renuncie direitos da Administração, deve ser interpretada como não escrita, salvo se autorizada por lei.

FORMALIZAÇÃO DO CONTRATO ADMINISTRATIVO

Os contratos Administrativos regem-se pelas suas cláusulas e pelos preceitos de Direito Público, aplicando-lhes supletivamente os princípios da Teoria Geral do Contratos e o Direito Privado.

Os contratos administrativos têm que ser precedidos por Licitação, salvo nos casos de **INEXEGIBILIDADE** e **DISPENSA.**

Terão que constar, obrigatoriamente, **Cláusulas Obrigatórias:**
         as que definem o objeto;
         as que estabeleçam o regime de execução da obra;
         as que fixem o preço e as condições de pagamento;
         as que tragam os critérios de reajustamento e atualização monetária;
         as que marquem prazos de início, execução, conclusão e entrega do objeto do contrato;
         as que apontem as garantias, etc.

      Instrumento Contratual: lavram-se nas próprias repartições interessadas;

      exige-se Escritura Pública quando tenham por objeto direito real sobre imóveis
o contrato verbal constitui exceção, pois os negócios administrativos dependem de comprovação documental e registro nos órgãos de controle interno.
A ausência de contrato escrito e requisitos essenciais e outros defeitos de forma podem viciar as manifestações de vontade das partes e com isto acarretar a ANULAÇÃO do contrato.

      Conteúdo: é a vontade das partes expressa no momento de sua formalização

      surge então a necessidade de cláusulas necessárias, que fixem com fidelidade o objeto do ajuste e definam os direitos e obrigações, encargos e responsabilidades.
Não se admite, em seu conteúdo, cláusulas que concedam maiores vantagens ao contratado, e que sejam prejudiciais à Administração Pública.
Integram o Contrato: o Edital, o projeto, o memorial, cálculos, planilhas,etc.

EXECUÇÃO DO CONTRATO

É o cumprimento de suas cláusulas firmadas no momento de sua celebração; é cumpri-lo no **seu objeto**, nos **seus prazos** e nas **suas condições.**

Execução Pessoal

todo contrato é firmado *"intuitu personae"*, ou seja, só poderá executá-lo aquele que foi o ganhador da licitação;
nem sempre é personalíssimo, podendo exigir a participação de diferentes técnicos e especialistas, sob sua inteira responsabilidade;

Encargos da Execução

o contratado é responsável pelos encargos trabalhistas, previdenciários, fiscal e comerciais decorrentes da Execução do contrato;

a inadimplência do contratado, com referência a esses encargos, não transfere a responsabilidade à Administração e nem onera o objeto do contrato;
outros encargos poderão ser atribuídos ao contratado, mas deverão constar do Edital de Licitação;

Acompanhamento da Execução do Contrato

é direito da Administração e compreende a Fiscalização, orientação, interdição, intervenção e aplicação de penalidades contratuais.

Etapa Final da Execução do Contrato

consiste na entrega e recebimento do objeto do contrato. Pode ser provisório ou definitivo

INEXECUÇÃO DO CONTRATO

É o **descumprimento de suas cláusulas**, no todo em parte. Pode ocorrer por ação ou omissão, culposa ou sem culpa de qualquer das partes.

Causas Justificadoras: São causas que permitem justificar o descumprimento do contrato por parte do contratado. A existência dessas causas pode levar à extinção ou à revisão das cláusulas do contrato.

1. Teoria da Imprevisão
2. Fato do Príncipe
3. Fato da Administração
4. Caso Fortuito
5. Força Maior

TEORIA DA IMPREVISÃO: Pressupõe situações imprevisíveis que afetam substancialmente as obrigações contratuais, tornando excessivamente oneroso o cumprimento do contrato.

É a aplicação da antiga cláusula *"rebus sic stantibus"*.

Os contratos são obrigatórios (*"pacta sunt servanda"*). No entanto, nos contratos de prestações sucessivas está implícita a cláusula *"rebus sic stantibus"* (a convenção não permanece em vigor se houver mudança da situação existente no momento da celebração).

A aplicação da **TEORIA DA IMPREVISÃO** permite o *restabelecimento do equilíbrio econômico-financeiro do contrato administrativo*.

FATO DO PRÍNCIPE: também denominada **"álea administrativa",**   é a medida de ordem geral, **praticada pela própria Administração Pública,** não relacionada diretamente com o contrato, MAS QUE NELE REPERCUTE, **provocando desequilíbrio econômico-financeiro** em detrimento do contratado. *Ex.:   Medida Governamental que dificulte a importação de matéria-prima necessária à execução do contrato.*

FATO DA ADMINISTRAÇÃO: é toda ação ou omissão do Poder Público que , incidindo direta e especificamente sobre o contrato, retarda ou impede a sua execução. É falta contratual cometida pela Administração.

CASO FORTUITO: é o evento da natureza, inevitável e imprevisível, que impossibilita o cumprimento do contrato. *Ex.:   inundação*

FORÇA MAIOR: é o **acontecimento humano**, imprevisível e inevitável, que impossibilita a execução do contrato. *Ex.: greve.*

Conseqüências da Inexecução:

> **propicia sua rescisão**;
> **acarreta para o inadimplente**, conseqüência de Ordem Civil e Administrativa;
> **acarreta a suspensão provisória e a declaração de inidoneidade** para contratar com a Administração.

REVISÃO DO CONTRATO ADMINISTRATIVO

Pode ocorrer por interesse da própria Administração ou pela superveniência de fatos novos que tornem inexeqüível o ajuste inicial.

Interesse da Administração: quando o interesse público exige a alteração do projeto ou dos processos técnicos de sua execução, com aumento de encargos;

Superveniência de Fatos: quando sobrevem atos de Governo ou fatos materiais imprevistos e imprevisíveis pelas partes, o qual dificulte ou agravem a conclusão do objeto do contrato.

em qualquer destes casos, **o contrato é passível de REVISÃO.**

RESCISÃO DO CONTRATO ADMINISTRATIVO

É o **término do contrato** durante a execução **por inadimplência de uma das partes**, pela *superveniência de eventos que impeçam ou tornem inconvenientes o prosseguimento do ajuste.*

A esse respeito distinguem-se as hipóteses de **RESCISÃO**:

a) **ADMINISTRATIVA**;
b) **JUDICIAL;**
c) **DE PLENO DIREITO.**

PLENO DIREITO: **não depende de manifestação das partes**, pois decorre de **um fato extintivo já previsto,** que leva **à rescisão do contrato de pleno direito.** *Ex.: a falência.*

JUDICIAL: é **determinada pelo Poder Judiciário**, sendo facultativa para a Administração - esta, se quiser, pode pleitear judicialmente a rescisão. **O contratado somente poderá pleitear a rescisão, JUDICIALMENTE.**

ADMINISTRATIVA:

Por motivo de interesse público
Por falta do contratado.

a) **por motivo de interesse público:** A Administração, zelando pelo interesse público, considera inconveniente a sua manutenção.

Obs: o particular fará jus a mais ampla indenização, no caso de rescisão por motivo de interesse público.

b) **por falta do contratado:** Nesse caso, não está a Administração obrigada a entrar na justiça e, então por seus próprios meios, **declara a rescisão**, observando **o DEVIDO PROCESSO LEGAL**, ou seja, que se assegure o direito de defesa ao contratado.

8. TEORIA GERAL DO ATO ADMINISTRATIVO

8.1. CONCEITOS

ATO ADMINISTRATIVO: é o ato jurídico praticado pela Administração Pública; **é todo o ato lícito, que tenha por fim imediato adquirir, resguardar, transferir, modificar ou extinguir direitos;**

só pode ser praticado por agente público competente;

Fato Jurídico: é um acontecimento material involuntário, que vai produzir conseqüências jurídicas.

Ato Jurídico: é uma manifestação de vontade destinada a produzir efeitos jurídicos.

Fato Administrativo: é o acontecimento material da Administração, que produz conseqüências jurídicas. No entanto, não traduz uma manifestação de vontade voltada para produção dessas conseqüências. *Ex.: A construção de uma obra pública; o ato de ministrar uma aula em escola pública; o ato de realizar uma cirurgia em hospital público,*

O **Fato Administrativo** não se destina a produzir efeitos no mundo jurídico, embora muitas vezes esses efeitos ocorram, como exemplo, uma obra pública mal executada vai causar danos aos administrados, ensejando indenização. Uma cirurgia mal realizada em um hospital público, que também resultará na responsabilidade do Estado.

8.2. ESPÉCIES DE ATOS ADMINISTRATIVOS

Atos Normativos: aqueles que **contêm um comando geral do Executivo**, visando a correta aplicação da lei; **estabelecem regras gerais e abstratas**, pois visam a explicitar a norma legal. *Exs.: Decretos, Regulamentos, Regimentos, Resoluções, Deliberações, etc.*

Atos Ordinatórios: visam **disciplinar o funcionamento da Administração** e a **conduta funcional de seus agentes**. Emanam do **poder hierárquico** da Administração. *Exs.: Instruções, Circulares, Avisos, Portarias, Ordens de Serviço, Ofícios, Despachos.*

Atos Negociais: aqueles que **contêm uma declaração de vontade do Poder Público coincidente com a vontade do particular**; visa a *concretizar negócios públicos* ou *atribuir certos direitos ou vantagens ao particular. Ex.: Licença; Autorização; Permissão; Aprovação; Apreciação; Visto; Homologação; Dispensa; Renúncia;*

Atos Enunciativos: aqueles que **se limitam a certificar ou atestar um fato**, ou **emitir opinião sobre determinado assunto**; NÃO SE VINCULA A SEU ENUNCIADO. *Ex.: Certidões; Atestados; Pareceres.*

Atos Punitivos: atos com que a **Administração visa a punir e reprimir as infrações administrativas** ou **a conduta irregular dos administrados ou de servidores**. É a **APLICAÇÃO** do **Poder de Policia e Poder Disciplinar**. *Ex.: Multa; Interdição de atividades; Destruição de coisas; Afastamento de cargo ou função.*

8.3. REQUISITOS DO ATO ADMINISTRATIVO

REQUISITOS **Co**mpetência, **Fi**nalidade, **Fo**rma, **Mo**tivo e **Ob**jeto
(COFIFOMOB)

COMPETÊNCIA: é o poder, resultante da lei, que dá ao agente administrativo a capacidade de praticar o ato administrativo; **é VINCULADO;**

É o primeiro requisito de validade do ato administrativo. Inicialmente, é necessário verificar se a **Pessoa Jurídica tem atribuição para a prática daquele ato**. É preciso saber, em segundo lugar, **se o órgão daquela Pessoa Jurídica que praticou o ato, estava investido de atribuições** para tanto. Finalmente, é preciso verificar se o **agente público que praticou o ato, fê-lo no exercício das atribuições** do cargo. O problema da competência, portanto, resolve-se nesses três aspectos.

A **competência** ADMITE **DELEGAÇÃO** E **AVOCAÇÃO**. Esses institutos resultam da hierarquia.

FINALIDADE: é o bem jurídico objetivado pelo ato administrativo; **é VINCULADO;**

O **ato deve alcançar a finalidade expressa ou implicitamente prevista** na norma que atribui competência ao agente para a sua prática. O **Administrador não pode fugir da finalidade que a lei imprimiu ao ato**, sob pena de NULIDADE do ato pelo

DESVIO DE FINALIDADE específica. Havendo qualquer desvio, **o ato é nulo** <u>por</u> <u>DESVIO DE FINALIDADE</u>, mesmo que haja relevância social.

FORMA: é a **maneira regrada** (escrita em lei) de como **o ato deve ser praticado**; É o revestimento externo do ato; **é VINCULADO.**

Em princípio, **exige-se a forma escrita para a prática do ato.** Excepcionalmente, admitem-se as ordens através de sinais ou de voz, como são feitas no trânsito.   Em alguns casos, a forma é particularizada e exige-se um determinado tipo de forma escrita.

MOTIVO: é a **situação de direito** que **autoriza ou exige a prática** do ato administrativo;

<u>motivação obrigatória</u> - **ato vinculado**   pode estar previsto em lei (a autoridade só pode praticar o ato caso ocorra a situação prevista),

<u>motivação facultativa</u> - **ato discricionário**   ou não estar previsto em lei (a autoridade tem a liberdade de escolher o motivo em vista do qual editará o ato);

A efetiva **existência do motivo é sempre um requisito para a validade do ato**. Se o Administrador invoca determinados motivos, a validade do ato fica subordinada à efetiva existência desses motivos invocados para a sua prática. É **a teoria dos Motivos Determinantes.**

OBJETO: é o conteúdo do ato; é a própria alteração na ordem jurídica; é aquilo que o ato dispõe. Pode ser **VINCULADO** ou **DISCRICIONÁRIO.**

ato vinculado   o objeto já está predeterminado na lei (<u>Ex</u>.: *aposentadoria do servidor*).

ato discricionário   há uma margem de liberdade do Administrador para preencher o conteúdo do ato (<u>Ex</u>.: *desapropriação – cabe ao Administrador escolher o bem, de acordo com os interesses da Administração*).

MOTIVO e OBJETO, nos chamados <u>atos discricionários</u>, caracterizam o que se denomina de MÉRITO ADMINISTRATIVO.

MÉRITO ADMINISTRATIVO   corresponde **à esfera de discricionariedade reservada ao Administrador** e, em princípio, *não pode o Poder Judiciário pretender substituir a discricionariedade do administrador pela discricionariedade do Juiz*. Pode, no entanto, examinar os motivos invocados pelo Administrador para verificar se eles efetivamente existem e se porventura está caracterizado um desvio de finalidade.

Ato Legal e Perfeito   é o ato administrativo completo em seus requisitos e eficaz em produzir seus efeitos; portanto, **é o ato eficaz e exeqüível**;

REQUISITOS DOS ATOS ADMINISTRATIVOS

Requisitos	Tipo do Ato	Características
COMPETÊNCIA	Vinculado	é **O PODER, resultante da lei**, que dá ao agente administrativo *a capacidade de praticar o ato administrativo*. Admite **DELEGAÇÃO** e **AVOCAÇÃO**.
FINALIDADE	Vinculado	é o **bem jurídico OBJETIVADO** pelo ato administrativo; é ao que o ato se compromete;
FORMA	Vinculado	é a **maneira regrada** (escrita em lei) de como **o ato deve ser praticado**; É o revestimento externo do ato.
MOTIVO	Vinculado ou Discricionário	é a **situação de direito** que **autoriza ou exige a prática** do ato administrativo; é o por que do ato !
OBJETO	Vinculado ou Discricionário	é o **conteúdo do ato**; é a própria alteração na ordem jurídica; é aquilo de que o ato dispõe, trata.

8.4. ATRIBUTOS E QUALIDADES DO ATO ADMINISTRATIVO (P I A)

PRESUNÇÃO DE LEGITIMIDADE: todo ato administrativo presume-se legítimo, isto é, verdadeiro e conforme o direito; é presunção relativa (**juris tantum**). *Ex.: Execução de Dívida Ativa – cabe ao particular o ônus de provar que não deve ou que o valor está errado.*

IMPERATIVIDADE: é a qualidade pela qual os atos dispõem de força executória e se impõem aos particulares, independentemente de sua concordância; *Ex.: Secretário de Saúde quando dita normas de higiene – decorre do exercício do Poder de Polícia – pode impor obrigação para o administrado.* É o denominado poder extroverso da Administração.

AUTO-EXECUTORIEDADE: é o atributo do ato administrativo pelo qual o Poder Público pode obrigar o administrado a cumprí-lo, independentemente de ordem judicial;

8.5. CLASSIFICAÇÃO DOS ATOS ADMINISTRATIVOS

Quanto aos	ATOS		Exemplos
Destinatários	**Gerais**	destinam-se a uma parcela grande de **sujeitos indeterminados** e **todos aqueles que se vêem** abrangidos pelos seus preceitos;	Edital; Regulamentos; Instruções.
	Individuais	destina-se a uma pessoa em particular ou a um grupo de pessoas determinadas.	Demissão; Exoneração; Outorga de Licença
Alcance	**Internos**	os destinatários são os órgãos e agentes da Administração; não se dirigem a terceiros	Circulares; Portarias; Instruções;
	Externos	alcançam os administrados de modo geral (só entram em vigor depois de publicados).	Admissão; Licença.
Objeto	**Império**	aquele que a administração pratica no gozo de suas prerrogativas; em posição de supremacia perante o administrado;	Desapropriação; Interdição; Requisição.
	Gestão	são os praticados pela Administração em situação de igualdade com os particulares, SEM USAR SUA SUPREMACIA;	Alienação e Aquisição de bens; Certidões
	Expediente	aqueles praticados por agentes subalternos; atos de rotina interna;	Protocolo
Regram	**Vinculado**	quando não há, para o agente, liberdade de escolha, devendo se sujeitar às	Licença;

ent o		determinações da Lei;	Pedido de Aposentadoria
	Discricionário	quando **há liberdade de escolha** (na LEI) para o agente, no que **diz respeito ao mérito** (**CONVENIÊNCIA** e **OPORTUNIDADE**).	Autorização
For maç ão do AT O	Simples	produzido por **um único órgão**; podem ser simples singulares ou simples colegiais.	Despacho
	Composto	**produzido por um órgão**, mas **dependente da ratificação de outro órgão** para se *tornar exeqüível.*	Dispensa de licitação
	Complexo	resultam da **soma de vontade de 2 ou mais órgãos.** Não deve ser confundido com procedimento administrativo (Concorrência Pública).	Escolha em lista tríplice

9. O ATO ADMINISTRATIVO E O DIREITO DOS ADMINISTRADOS

EXTINÇÃO DOS ATOS ADMINISTRATIVOS

CASSAÇÃO: embora legítimo na sua origem e formação, torna-se ilegal na sua execução; quando o destinatário descumpre condições pré-estabelecidas. *Ex.:: alguém obteve uma permissão para explorar o serviço público, porém descumpriu uma das condições para a prestação desse serviço. Vem o Poder Público e, como penalidade, procede a cassação da permissão.*

REVOGAÇÃO: é a **extinção** de um **ato administrativo legal e perfeito**, por **razões de conveniência e oportunidade**, pela Administração, no **exercício do poder discricionário**. O ato revogado conserva os efeitos produzidos durante o tempo em que operou. A partir da data da revogação é que cessa a produção de efeitos do ato até então perfeito e legal. Só pode ser praticado pela Administração Pública por razões de oportunidade e conveniência. A revogação não pode atingir os direitos adquiridos
EX-NUNC = (nunca mais) - sem efeito retroativo

ANULAÇÃO: é a **supressão** do ato administrativo, com **efeito retroativo**, por razões de **ilegalidade e ilegitimidade**. Pode ser examinado pelo Poder Judiciário (razões de legalidade e legitimidade) e pela Administração Pública (aspectos legais e no mérito).
EX-TUNC = com efeito retroativo, invalida as conseqüências passadas, presentes e futuras.

CADUCIDADE: É a **cessação dos efeitos do ato** em razão de uma lei **superveniente**, com a qual **esse ato é incompatível**. A característica *é a incompatibilidade do ato com a norma subseqüente.*

ATOS NULOS E ATOS ANULÁVEIS

Atos Inexistentes: são os que contêm um comando criminoso (*Ex.: alguém que mandasse torturar um preso*).

Atos Nulos: são aqueles que atingem gravemente a lei (*Ex.: prática de um ato por uma pessoa jurídica incompetente*).

Ato Anulável: representa uma violação mais branda à norma (*Ex.: um ato que era de competência do Ministro e foi praticado por Secretário Geral. Houve violação, mas não tão grave porque foi praticado dentro do mesmo órgão*).

CONVALIDAÇÃO: É a prática de **um ato posterior que vai conter todos os requisitos de validade**, INCLUSIVE **aquele que não foi observado no ato anterior** e **determina a sua retroatividade à data de vigência do ato tido como anulável.** Os efeitos passam a contar da data do ato anterior – é editado um novo ato.

CONVERSÃO: **Aproveita-se**, COM UM OUTRO CONTEÚDO, **o ato que inicialmente foi considerado nulo.** *Ex.: Nomeação de alguém para cargo público sem aprovação em concurso, mas poderá haver a nomeação para cargo comissionado.* A **conversão** dá ao ato a **conotação que deveria ter tido no momento da sua criação.** Produz efeito *EX-TUNC.*

10. CONTROLE DA ADMINISTRAÇÃO PÚBLICA

Conceito: é a **faculdade de vigilância, orientação e correção** que UM PODER, ÓRGÃO OU AUTORIDADE **exerce** *sobre a conduta funcional de outro.*

Espécies de Controle

1. quanto à **extensão do controle:**

CONTROLE INTERNO: é todo aquele **realizado pela entidade ou órgão responsável** pela atividade controlada, **no âmbito da própria administração.**

exercido de forma integrada entre os Poderes
responsabilidade solidária dos responsáveis pelo controle interno, quando deixarem de dar ciência ao **TCU** de qualquer irregularidade ou ilegalidade.

CONTROLE EXTERNO: ocorre quando **o órgão fiscalizador se situa em Administração** DIVERSA daquela de **onde a conduta administrativa se originou.**

controle do Judiciário sobre os atos do Executivo em ações judiciais;
sustação de ato normativo do Poder Executivo pelo Legislativo;

CONTROLE EXTERNO POPULAR: As **contas dos Municípios ficarão, durante 60 dias**, anualmente, **à disposição de qualquer contribuinte, para exame e apreciação**, o qual poderá questionar-lhes a legitimidade, nos termos da lei.

2. quanto ao **momento em que se efetua:**

CONTROLE PRÉVIO OU PREVENTIVO: é o que **é exercido antes de consumar-se a conduta administrativa**, como ocorre, por exemplo, **com aprovação prévia**, por parte do Senado Federal, do Presidente e diretores do Banco Central.

CONTROLE CONCOMITANTE: **acompanha a situação administrativa no momento em que ela se verifica.** É o que ocorre, por exemplo, com **a fiscalização de um contrato em andamento.**

CONTROLE POSTERIOR OU CORRETIVO: tem por objetivo **a revisão de atos já praticados, para corrigi-los, desfazê-los ou, somente, confirmá-los.** ABRANGE ATOS como os *de aprovação, homologação, anulação, revogação* ou *convalidação.*

3. quanto à **natureza do controle:**

CONTROLE DE LEGALIDADE: é o que **verifica a conformidade da conduta administrativa com as normas legais que a regem.** Esse controle **pode ser interno ou externo.** Vale dizer que **a Administração exercita-o de ofício ou mediante provocação:** o Legislativo só o efetiva nos casos constitucionalmente previstos; e o Judiciário através da ação adequada. *Por esse controle o ato ilegal e ilegítimo somente pode ser anulado, e não revogado.*

CONTROLE DO MÉRITO: é o que **se consuma pela verificação da conveniência e da oportunidade da conduta administrativa.** A **competência para exercê-lo é da Administração**, e, em casos excepcionais, expressos na Constituição, ao Legislativo, **mas nunca ao Judiciário.**

4. quanto ao **órgão que o exerce:**

Controle Administrativo;
Controle Legislativo;
Controle Judicial

CONTROLE ADMINISTRATIVO: é **exercido pelo Executivo** e pelos **órgãos administrativos do Legislativo e do Judiciário,** sob os ASPECTOS DE LEGALIDADE E MÉRITO, por *iniciativa própria ou mediante provocação.*

<u>**Meios de Controle:**</u>

Fiscalização Hierárquica: esse meio de controle **é inerente ao poder hierárquico.**

Supervisão Ministerial: APLICÁVEL nas **entidades de administração indireta** vinculadas a um Ministério; *supervisão não é a mesma coisa que subordinação;* trata-se de **controle finalístico.**

Recursos Administrativos: são **meios hábeis que podem ser utilizados para provocar o reexame do ato administrativo,** pela PRÓPRIA ADMINISTRAÇÃO PÚBLICA.

Recursos Administrativos: em regra, **o efeito** É NÃO SUSPENSIVO.

Representação: denúncia de irregularidades feita perante a própria Administração;

Reclamação: oposição expressa a atos da Administração que afetam direitos ou interesses legítimos do interessado;

Pedido de Reconsideração: solicitação de reexame dirigida à mesma autoridade que praticou o ato;

Recurso Hierárquico próprio: dirigido à autoridade ou instância superior do mesmo órgão administrativo em que foi praticado o ato; é decorrência da hierarquia;

Recurso Hierárquico Expresso: dirigido à autoridade ou órgão estranho à repartição que expediu o ato recorrido, mas com competência julgadora expressa.

CONTROLE LEGISLATIVO: NÃO PODE **exorbitar às hipóteses constitucionalmente previstas,** sob pena de ofensa ao princípio da separação de poderes. O **controle alcança os órgãos do Poder Executivo e suas entidades da Administração Indireta** e o **Poder Judiciário** (quando executa função administrativa).

Controle Político: tem por base a possibilidade de fiscalização sobre atos ligados à função administrativa e organizacional.

Controle Financeiro: A fiscalização contábil, financeira, orçamentária, operacional e patrimonial da União e das entidades da administração direta e indireta, quanto à legalidade, legitimidade, economicidade, aplicação das subvenções e renúncia de receitas, será exercida pelo Congresso Nacional, mediante controle externo, e pelo sistema de controle interno de cada Poder.

Campo de Controle: Prestará contas qualquer pessoa física ou jurídica, pública ou privada, que utilize, arrecade, guarde, gerencie ou administre dinheiro, bens e valores públicos ou pelos quais a União responda, ou que, em nome desta, assuma obrigações de natureza pecuniária.

TCU: é **órgão integrante do Congresso Nacional** que tem a FUNÇÃO DE **auxiliá-lo no controle financeiro externo da Administração Pública.**

Obs.: No âmbito estadual e municipal, aplicam-se, no que couber, aos respectivos Tribunais e Conselhos de Contas, as normas sobre fiscalização contábil, financeira e orçamentária.

CONTROLE JUDICIAL: é o **poder de fiscalização que o Judiciário exerce** ESPECIFICAMENTE **sobre a atividade administrativa do Estado**. Alcança, basicamente, os atos administrativos do Executivo, mas também examina os atos do Legislativo e do próprio Judiciário quando realiza atividade administrativa.

Obs.: É VEDADO AO JUDICIÁRIO **apreciar o mérito administrativo** e restringe-se ao controle da legalidade e da legitimidade do ato impugnado.

Atos sujeitos a controle especial:

atos políticos;
atos legislativos;
atos interna corporis.

REMÉDIOS CONSTITUCIONAIS	Conceito	Considerações
HABEAS CORPUS	sempre que alguém **sofrer** (<u>HC Repressivo</u>) ou se achar **ameaçado de sofrer** (<u>HC Preventivo</u>) violência ou coação em sua **LIBERDADE DE LOCOMOÇÃO**, por ilegalidade ou abuso de poder.	pode sem impetrado pela própria pessoa, por menor ou por estrangeiro.
HABEAS DATA	para assegurar o conhecimento de informações relativas à pessoa do impetrante, constante de registro ou banco de dados de entidades governamentais ou de caráter público; serve também para retificação de dados, quando NÃO se prefira fazê-lo por processo sigiloso, judicial ou administrativo.	a propositura da ação é gratuita; é uma ação personalíssima
MANDADO DE SEGURANÇA	**para proteger direito líquido e certo** não amparado por **HC** ou **HD**, quando o responsável pela ilegalidade ou abuso de poder **for autoridade pública ou agente de pessoa jurídica no exercício de atribuições do Poder Público.**	**Líquido e Certo**: o direito não desperta dúvidas, está isento de obscuridades. qualquer pessoa física ou jurídica pode impetrar, mas somente através de advogado.
MANDADO DE SEGURANÇA COLETIVO	instrumento que **visa proteger direito líquido e certo** de uma **coletividade**, quando o responsável pela ilegalidade ou abuso de poder **for autoridade pública ou agente de pessoa**	**Legitimidade para impetrar MS Coletivo**: Organização Sindical, entidade de classe ou associa legalmente constituída a **pelo menos 1 ano**, assim como partidos políticos com

	jurídica no exercício de atribuições do Poder Público.	representação no Congresso Nacional. **OBJETIVO:** defesa do interesse dos seus membros ou associados.
MANDADO DE INJUNÇÃO	sempre que a falta de norma regulamentadora que torne inviável o exercício dos direitos e liberdades constitucionais e das prerrogativas inerentes à nacionalidade, à soberania e à cidadania.	**qualquer pessoa** (física ou jurídica) pode impetrar, sempre através de advogado.
AÇÃO POPULAR	visa a anulação ou à declaração de nulidade de atos lesivos ao: Patrimônio Público, à moralidade Administrativa, ao Meio Ambiente, ao Patrimônio Histórico e Cultural.	**a propositura** cabe a **qualquer cidadão (brasileiro)** no exercício de seus **direitos políticos.**
DIREITO DE PETIÇÃO	**Objetivo:** Defender direito ou noticiar ilegalidade ou abuso de autoridade pública.	qualquer pessoa pode propor, brasileira ou estrangeira

11. O REGIME JURÍDICO - ADMINISTRATIVO

PRINCÍPIOS –   são **regras que surgem como parâmetro para a interpretação das demais normas jurídicas**.

PRINCÍPIO DA SUPREMACIA DO INTERESSE PÚBLICO

havendo conflito de interesses, prevalece sempre o interesse público. É o princípio que determina privilégios jurídicos e um patamar de superioridade do interesse público sobre o particular

Conseqüências:

a) **a administração pública como DETENTORA DE PRIVILÉGIOS.**

> **imunidade recíproca** entre os entes públicos (não pagam impostos);
> **prescrição qüinqüenal** (prazo único);
> **execução fiscal de seus créditos** – a fazenda é credora (lei 6.830/ estabelece).
> **ação regressiva contra seus servidores** culpados por danos a terceiros;
> **impenhorabilidade** de seus bens e rendas;
> **prazo quádruplo para contestar;**
> **impedimento de acúmulo de cargos públicos.**

b) **POSIÇÃO DE SUPERIORIDADE nas relações com os particulares**

> **CAPACIDADE UNILATERAL DE RESCISÃO** e ou de **ALTERAÇÃO DO CONTRATO.**

PRINCÍPIO DA INDISPONIBILIDADE DO INTERESSE PÚBLICO

LIMITA A SUPREMACIA, o **interesse público não pode ser livremente disposto pelo administrador** que, NECESSARIAMENTE, **deve atuar nos limites da lei.**

> *Ex.:   A LICITAÇÃO É OBRIGATÓRIA;   é interesse público qualificado, indisponível. O administrador não pode dispor .*

12. PRINCÍPIOS CONSTITUCIONAIS DO DIREITO ADMINISTRATIVO

Princípios Constitucionais

<u>L</u> <u>I</u> <u>M</u> <u>P</u> <u>E</u>

Legalidade
É o princípio básico de todo o Direito Público. A doutrina costuma usar a seguinte expressão: **na atividade particular tudo o que não está proibido é permitido, na Administração Pública tudo o que não está permitido é proibido.**
O administrador está rigidamente preso à lei e sua atuação deve ser confrontada com a lei.

Impessoalidade
Significa que o administrador deve orientar-se por **critérios objetivos**, não devendo fazer distinções fundamentadas em critérios pessoais. Toda a atividade da Administração Pública <u>deve ser praticada tendo em vista a finalidade pública</u>. Se não visar o bem público, ficará sujeita à invalidação, por desvio de finalidade.   É em decorrência desse princípio que temos, por exemplo, o **concurso público** e a **licitação.**

> Desse princípio decorre a **generalidade do serviço público** – todos que preencham as exigências têm direito ao serviço público.
>
> A responsabilidade objetiva do Estado decorre do princípio da impessoalidade.

Moralidade
O Direito Administrativo elaborou um conceito próprio de moral, diferente da moral comum. A **moral administrativa** significa que o dever do administrador não é apenas cumprir a lei formalmente, mas cumprir substancialmente, procurando sempre o melhor resultado para a administração.   Pressuposto de validade de todo ato da Administração Pública, <u>tem a ver com a ética, com a justiça, a honestidade, a conveniência e a oportunidade.</u>

> Toda atuação do administrador é inspirada no interesse público.
>
> Jamais a moralidade administrativa pode chocar-se com a lei.

Por esse princípio, o administrador não aplica apenas a lei, mas vai além, aplicando a sua substância.

A Constituição de 1988 enfatizou a **moralidade administrativa**, prevendo que "os atos de **improbidade** importarão a suspensão dos direitos políticos, a perda da função pública, a indisponibilidade dos bens e o ressarcimento ao erário na forma e gradação previstas em lei, sem prejuízo da ação penal cabível".

Publicidade

Requisito da eficácia e moralidade, pois é através da divulgação oficial dos atos da Administração Pública que ficam assegurados o seu cumprimento, observância e controle; destina-se, de um lado, à produção dos efeitos externos dos atos administrativos. Existem atos que não se restringem ao ambiente interno da administração porque se destinam a produzir efeitos externos – daí ser necessária a publicidade.

Eficiência

Exige resultados positivos para o serviço público e satisfatório atendimento das necessidades dos administrados (público). Trata-se de princípio meramente retórico. É possível, no entanto, invocá-lo para limitar a *discricionariedade* do Administrador, levando-o a escolher a melhor opção.

Eficiência é a obtenção do melhor resultado com o uso racional dos meios. Atualmente, na Administração Pública, a tendência é prevalência do controle de resultados sobre o controle de meios.

Outros princípios da Administração Pública

Supremacia do interesse público

Os interesses públicos têm supremacia sobre os interesses individuais; é a essência do regime jurídico administrativo.

Presunção de Legitimidade

Os atos da Administração presumem-se legítimos, até prova em contrário (**presunção relativa** ou *juris tantum* – ou seja, pode ser destruída por prova contrária.)

Finalidade

Toda atuação do administrador se destina a atender o interesse público e garantir a observância das finalidades institucionais por parte das entidades da Administração Indireta. A finalidade pública objetivada pela lei é a única que deve ser perseguida pelo administrador. A Lei, ao atribuir competência ao Administrador, tem uma finalidade pública específica. O administrador, praticando o ato fora dos fins, expressa ou implicitamente contidos na norma, pratica **DESVIO DE FINALIDADE**.

Autotutela

A Administração tem o dever de zelar pela legalidade e eficiência dos seus próprios atos. É por isso que se reconhece à Administração **o poder e dever** de **anular** ou **declarar a nulidade dos seus próprios atos praticados com infração à Lei**.

A Administração não precisa ser provocada ou recorrer ao Judiciário para reconhecer a nulidade dos seus próprios atos;

A Administração pode revogar os atos administrativos que não mais atendam às **finalidades públicas** – sejam inoportunos, sejam inconvenientes – embora legais.

Em suma, a **autotutela** se justifica para garantir à Administração: a defesa da legalidade e eficiência dos seus atos; nada mais é que um autocontrole;

Continuidade dos Serviços Públicos

O serviço público destina-se a atender necessidades sociais. É com fundamento nesse princípio que nos contratos administrativos não se permite que seja invocada, pelo particular, a **exceção do contrato não cumprido.**

Nos contratos civis bilaterais pode-se invocar a exceção do contrato não cumprido para se eximir da obrigação.

Hoje, a legislação já permite que o particular invoque a exceção de contrato não cumprido – Lei 8666/93 – Contratos e Licitações, apenas no caso de atraso superior a 90 dias dos pagamentos devidos pela Administração.

A exceção do contrato não cumprido é deixar de cumprir a obrigação em virtude da outra parte não ter cumprido a obrigação correlata.

Razoabilidade

Os poderes concedidos à Administração devem ser exercidos na medida necessária ao atendimento do interesse coletivo, sem exageros.

O Direito Administrativo consagra a supremacia do interesse público sobre o particular, mas essa supremacia só é legítima na medida em que os interesses públicos são atendidos.

Exige proporcionalidade entre os meios de que se utilize a Administração e os fins que ela tem que alcançar. **Agir com lógica, razão, ponderação. Atos discricionários.**

Características
na **atividade particular** *tudo o que não está proibido é permitido;* na **Administração Pública** *tudo o que não está permitido é proibido.* O **administrador está rigidamente preso à lei** e **sua atuação deve ser confrontada com a lei.**
o administrador deve orientar-se por **critérios objetivos**, não fazer distinções com base em critérios pessoais. Toda atividade da Adm. Pública <u>deve ser praticada tendo em vista a finalidade pública.</u>
o **dever do administrador** *não é apenas cumprir a lei* **formalmente**, mas **cumprir substancialmente**, procurando sempre **o melhor resultado para a administração.**
Requisito da eficácia e moralidade, pois **é através da divulgação oficial dos atos da Administração Pública** que **ficam assegurados o seu cumprimento, observância e controle.**
é a **obtenção do melhor resultado com o uso racional dos meios.** Atualmente, na Adm. Pública, **a tendência é prevalência do controle de resultados** <u>sobre o</u> **controle de meios.**

O **interesse público** têm **SUPREMACIA** <u>sobre</u> o **interesse individual**; Mas **essa supremacia só é legítima** na **medida em que os interesses públicos são atendidos.**

St

Os **atos** da Administração **presumem-se legítimos**, até prova em contrário (**presunção relativa** ou *juris tantum* – ou seja, pode ser destruída por prova contrária.)

Pi

Toda atuação do administrador **se destina a atender o interesse público** e **garantir** a <u>observância das finalidades institucionais</u> por parte das entidades da Administração Indireta.

Fi

a **autotutela** se justifica para **garantir** à <u>Administração</u>: a **defesa da legalidade** e **eficiência dos seus atos**;   nada mais é que **um autocontrole SOBRE SEUS ATOS.**

Ai

O serviço público destina-se a atender necessidades sociais. É com fundamento nesse princípio que nos contratos administrativos não se permite que seja invocada, pelo particular, a **exceção do contrato não cumprido**. Os serviços não podem parar !

Cl

Os poderes concedidos à Administração **devem ser exercidos na medida necessária ao atendimento do interesse coletivo, SEM EXAGEROS.**

Ri

13. ORGANIZAÇÃO ADMINISTRATIVA

13.1. ÓRGÃOS

São centros de competência instituídos para o desempenho de funções estatais através de seus agentes, cuja atuação é imputada à pessoa jurídica a que pertencem.

Função = é o encargo atribuído ao órgão. É a atividade exercida pelo órgão.

Agentes = são as pessoas que exercem as funções, e os quais estão vinculados a um órgão;

Cargos = são os lugares criados por lei. São reservados aos agentes.

Características dos Órgãos

não tem personalidade jurídica;
expressa a vontade da entidade a que pertence (União, Estado, Município);
é meio instrumento de ação destas pessoas jurídicas;
é dotado de competência, que é distribuída por seus cargos;

Classificação dos Órgãos:

QUANTO À POSIÇÃO ESTATAL

Órgãos Independentes: se **originam da previsão constitucional**. São os **representativos dos 3 Poderes** (Executivo, Legislativo e Judiciário).

Não tem qualquer subordinação hierárquica;
Suas **funções são políticas, judiciais e legislativas;**
Seus agentes são denominados Agentes Políticos;
Exs.: Congresso Nacional, Câmara de Deputados, Senado

Órgãos Autônomos: são os **localizados na cúpula da Administração**, imediatamente abaixo dos órgãos independentes e diretamente subordinados a seus chefes;

tem **ampla autonomia administrativa, financeira e técnica**;
são órgãos diretivos, de planejamento, coordenação e controle;
seus agentes são denominados Agentes Políticos nomeados em comissão; não são funcionários públicos;
Exs.: Ministérios, Secretaria de Planejamento, etc.

Órgãos Superiores: são os que **detêm poder de direção, controle, decisão e comando**, *subordinando-se a um órgão mais alto.*

não gozam de autonomia administrativa nem financeira;
liberdade restringida ao planejamento e soluções técnicas, dentro de sua esfera de competência;
responsabilidade pela execução e não pela decisão política;
Exs.: Gabinetes, Coordenadorias, Secretarias Gerais, etc.

Órgãos Subalternos: são os **órgãos subordinados hierarquicamente** a outro órgão superior; realizam **tarefas de rotina administrativa**;

reduzido poder de decisão;
é predominantemente **órgão de execução**;

> *Exs.: Repartições, Portarias, Seções de Expediente.*

QUANTO À ESTRUTURA

Órgãos Simples: UM SÓ **centro de competência**. *Exs.: Portaria, Posto Fiscal, Agência da SRF.*

Órgãos Compostos: VÁRIOS **centros de competência** (outros órgãos menores na estrutura). A **atividade é desconcentrada**, do órgão central para os demais órgãos subalternos. *Exs.: Delegacia da Receita Federal, Inspetoria Fiscal.*

QUANTO À ATUAÇÃO FUNCIONAL

Singular: são os que **decidem através de um único agente**. *Exs.: os Ministérios, as Coordenadorias, as Seccionais.*

Colegiado: **decidem por manifestação conjunta da maioria de seus membros**. *Exs.: Tribunais, Legislativo, Conselho de Contribuintes.*

13.2. AGENTES

São **todas as pessoas físicas** incumbidas de **exercer alguma função estatal**, definitiva ou transitoriamente. Os **AGENTES** desempenham as funções dos órgãos a que estão vinculados.

os cargos e as funções são independentes dos agentes;

Cargo é o lugar, criado por lei, ao qual corresponde uma função e é provido por um agente. O cargo, sendo lugar, é lotado no órgão.

Lotação é o número de cargos de um órgão.

Os agentes públicos podem ser: **políticos, administrativos, honoríficos e delegados.**

Agentes Políticos: **exercem atribuições constitucionais. Ocupam** os cargos dos **órgãos independentes** (que representam os poderes do Estado) **e dos órgãos autônomos** (que são os auxiliares imediatos dos órgãos independentes). *Exs.: Presidente da República, Senadores, Governadores, Deputados, Prefeitos, Juízes, Ministros, etc.*

exercem **funções e mandatos temporários**;

não são funcionários nem servidores públicos exceto para fins penais, caso cometam crimes contra a Administração Pública;

Agentes Administrativos: são os **agentes públicos** que **se vinculam à Administração Pública Direta ou às Autarquias** por relações profissionais.

sujeitam-se à hierarquia funcional;

são funcionários públicos com regime jurídico único (estatutários);

respondem por simples **culpa ou dolo** pelos atos ilícitos civis, penais ou administrativos que praticarem;

funcionários de para-estatais: não são agentes administrativos, todavia seus dirigentes são considerados funcionários públicos;

funcionários das Fundações Públicas: são agentes administrativos;

Agentes Honoríficos: são os agentes convocados ou nomeados para prestarem serviços de natureza transitória, **sem vínculo empregatício**, e em geral, **sem remuneração**. Constituem os *munus publicos* (serviços relevantes).
Exs.: jurados, comissários de menores, mesários eleitorais

enquanto exercerem a função   submetem-se à hierarquia e são considerados funcionários públicos para fins penais.

Agentes Delegados: são **os particulares que exercem funções delegadas** da Administração Pública, e que **são os serviços concedidos, permitidos e autorizados.** *Exs.: os serventuários de Cartório, os leiloeiros oficiais, os tradutores,, etc.*

respondem criminalmente como funcionários públicos pelos crimes que **cometerem no exercício de sua função;**
a Administração Pública responde pelos danos causados a 3ºs. por este agente, voltando-se, depois, contra o agente público delegado;

13.3. ENTIDADES

Entidade Estatal   PJ de Direito Público, que integra a estrutura constitucional do Estado, e tem poder político e administrativo.

tem **autonomia política, financeira e administrativa**;
fazem parte da Administração Direta;
APENAS a **UNIÃO tem soberania**;
Exs.: União, Estados, Distrito Federal e Municípios.

Autarquias   PJ de Direito Público; é um serviço autônomo criado para auxiliar a Administração Pública a executar *atividades típicas da Administração.*

CRIADA por **Lei Específica**;
orçamento, patrimônio e receita próprios (desvinculados da matriz);
gestão administrativa e financeira DESCENTRALIZADA;
não tem subordinação hierárquica com a entidade que as criou;
fazem parte da **Administração Indireta**;
submetem-se à supervisão do Ministério competente - controle finalístico;
executa serviços próprios do Estado;
administra a si mesma;
funcionários são **estatutários** (em regra), mas podem ser admitidos pela CLT (excepcionalmente); **proibidos de acumular cargos remunerados na Adm. Pública**;
obedecem às normas do concurso público;
os **contratos** são realizados através de LICITAÇÃO;
privilégios imunidade de impostos, prescrição qüinqüenal de suas dívidas, impenhorabilidade de seus bens, prazo em dobro para recorrer e em quadruplo para contestar;
    Exs.: Banco Central, DER, IAPAS, SEMAE, Imprensa Oficial do Estado, etc.

Fundações Públicas   PJ de Direito Público; **é a personalização jurídica de um patrimônio,** instituídas e mantidas pelo Poder Público para executar atividades, obras ou serviços sociais, ou seja, **atividades atípicas da Administração Pública**.

criada por **Lei Autorizativa**;
orçamento, patrimônio e receita próprios (desvinculados da matriz);
gestão administrativa e financeira descentralizada;
não tem subordinação hierárquica com a entidade que as criou;
fazem parte da **Administração Indireta**;
submetem-se à supervisão do Ministério ou Secretaria competente - controle finalístico;
executa serviços sem fins lucrativos;
administra a si mesma;
funcionários são **estatutários** (em regra), mas podem ser admitidos pela CLT (excepcionalmente); **proibidos de acumular cargos remunerados na Adm. Pública,**
obedecem às normas do concurso público;
os **contratos** são realizados através de LICITAÇÃO;

privilégios imunidade de impostos, prescrição qüinqüenal de suas dívidas, impenhorabilidade de seus bens, prazo em dobro para recorrer e em quadruplo para contestar;
    Exs.: FEBEM, UNB, USP

Entidades Para-Estatais   PJ de Direito privado, cuja **criação é feita através de Lei Autorizativa**, para a **realização de obras, serviços ou atividades econômicas de interesse coletivo. Fazem parte da Administração Indireta.** São empresas para-estatais: **Empresas Públicas, Sociedades de Economia Mista** e **Serviços Sociais Autônomos.**

Empresa Pública   PJ de Direito Privado, destinadas à prestação de serviços industriais ou atividades econômicas em que o Estado tenha interesse próprio ou considere convenientes à coletividade.
Exs.: Correios, CEF.

autonomia administrativa e financeira - o patrimônio próprio pode ser utilizado, onerado ou alienado na forma regulamentar ou estatutária;
capital exclusivo do poder público;
criadas por **Lei Autorizativa**;
vale-se dos meios da iniciativa privada para atingir **seus fins de interesse público;**
ficam vinculadas e não subordinadas aos respectivos Ministérios;   são supervisionadas e controladas finalisticamente pelos Ministérios;
Contratos – realizados através de LICITAÇÃO
Funcionários   são **sempre CELETISTAS** (**nunca estatutários**) e são **considerados funcionários públicos**; é proibida a acumulação de cargos PÚBLICOS remunerados (exceção: 2 cargos de professor, 2 cargos na área da saúde ou 1 cargo de professor outro de técnico);
Não tem privilégios administrativos ou processuais;
Pagam tributos;

Sociedade de Economia Mista   PJ de Direito Privado, **autorizada para a exploração de atividade econômica**, sob a forma de **S/A (sempre)**, cujas **ações com direito a voto pertençam, EM SUA MAIORIA** (50% + 1) **ao poder público.** *Exs.: Banco do Brasil.*

autonomia administrativa e financeira - o patrimônio próprio pode ser utilizado, onerado ou alienado na forma regulamentar ou estatutária;
capital (50% + 1) pertencente ao poder público;
criadas por **Lei Autorizativa**;
destinadas a atividades de utilidade pública, mas de natureza técnica, industrial ou econômica em que o Estado tenha interesse próprio na sua execução, mas resulta inconveniente ou inoportuno ele próprio realizar;
ficam vinculadas e não subordinadas aos respectivos Ministérios;   são supervisionadas e controladas finalisticamente pelos Ministérios;
Contratos – realizados através de LICITAÇÃO
Funcionários - são **sempre CELETISTAS** (**nunca estatutários**) e são **considerados funcionários públicos**; é proibida a acumulação de cargos remunerados. Não tem privilégios administrativos ou processuais;
Pagam tributos;

Serviços Sociais Autônomos   PJ de Direito Privado, criadas para prestar serviços de interesse social ou de utilidade pública, geridos conforme seus estatutos, aprovados por Decreto e podendo arrecadar contribuições parafiscais.
Exs.: SESC, SENAI, SENAC, SESI, etc.

não estão sujeitas à supervisão ministerial, mas se sujeitam a uma vinculação ao ministério competente;

utilizam-se de **verbas públicas**; devem prestar contas conforme a lei competente;

Tabela simplificada

ENTIDADE	Função & Características	PJ Direito Criação p/	Administração Gestão	Funcionários	Exemplos
ENTIDADE ESTATAL	- Integra a estrutura constitucional do Estado, com Poder Político e Administrativo; - tem autonomia política, financeira e administrativa; - apenas a UNIÃO tem **SOBERANIA;**	PJ D Público Constituição	Adm. Direta Centralizada	Estatutários	União, Estados, DF e Municípios
AUTARQUIA	- atividades típicas da Administração; - imunidade de impostos; - sem subordinação hierárquica; - orçamento, patrimônio e receitas próprios; - submetem-se à supervisão do Ministério competente – controle finalístico;	PJ D Público Lei Específica	Adm. Indireta Descentralizada	Estatutários (podem ser CLT)	Banco Central, DER, INSS, Imprensa Oficial do Estado, SEMAE, etc
FUNDAÇÕES PÚBLICAS	- atividades atípicas da Administração - executa serviços sem fins lucrativos; - sem subordinação hierárquica; - imunidade de impostos; - orçamento, patrimônio e receitas próprios; - submetem-se à supervisão do Ministério competente – controle finalístico;	PJ D Público Autorização	Adm. Indireta Descentralizada	Estatutários (podem ser CLT)	FEBEM, USP, UNB
EMPRESA PÚBLICA	- prestação de serviços industriais ou atividades econômicas de interesse do Estado, ou consideradas como convenientes à coletividade; - vinculadas e não subordinadas aos respectivos Ministérios; - sem privilégios administrativos ou processuais; - pagam tributos	PJ D Privado Autorização	Adm. Indireta Descentralizada	Sempre CLT Nunca estatutários	Correios CEF
SOCIEDADE DE ECONOMIA MISTA	- exploração de atividade econômica na forma de S/A (sempre); - destinadas a atividades de utilidade pública, mas de natureza técnica, industrial ou econômica; - Capital Estatal (50%+ 1 das ações) - vinculadas e não subordinadas aos respectivos Ministérios; - pagam tributos	PJ D Privado Autorização	Adm. Indireta Descentralizada	Sempre CLT Nunca estatutários	Banco do Brasil
SERVIÇOS SOCIAIS AUTÔNOMOS	- criadas para prestar serviços de interesse social ou de utilidade pública; - vinculadas e não subordinadas aos respectivos Ministérios; - geridos conforme seus estatutos; - podem arrecadar contribuições parafiscais (através do INSS); - utilizam-se de verbas públicas;	PJ D Privado Autorização	Adm. Indireta Descentralizada		SESC, SENAI, SESI, SENAC, SEST

14. SERVIDORES PÚBLICOS

AGENTES PÚBLICOS: São **PESSOAS FÍSICAS** *incumbidas de uma função estatal*, de maneira **transitória** ou **definitiva**, **com** ou **sem** remuneração.
O conceito é amplo – abrange todas as pessoas que de uma maneira ou de outra prestam um serviço público – estão

abrangidos por esse conceito desde os titulares dos poderes do Estado até pessoas que se vinculam contratualmente com o Poder Público como é o caso dos concessionários.

Espécies de Agentes Públicos:

Agentes Políticos: São agentes públicos nos mais altos escalões que decidem a vontade soberana do Estado com atribuições constitucionais sem subordinação hierárquica; são os titulares dos Poderes do Estado. (Presidente, Governador, Deputado, Senador, membros do Ministério Público e membros do Tribunal de Contas etc.)

Agentes Administrativos: ***São os servidores públicos.*** Exercem as funções comuns da Administração.

Agentes delegados: São os particulares que exercem função pública por delegação. (concessionários, permissionários, cartorários, leiloeiros, etc)

SERVIDOR PÚBLICO: são todas as pessoas físicas que mantêm relação de trabalho com a Administração Pública, direta, indireta, autárquica e fundacional. Os servidores Públicos constituem uma espécie de Agentes Públicos.

Os servidores públicos podem ser:

Estatutários (Funcionários Públicos)   possuem **CARGOS**

Empregados Públicos (celetistas)   possuem **EMPREGOS**

Servidores Temporários   possuem **FUNÇÃO**

Cargos - são as mais simples e indivisíveis unidades de competência a serem expressas por um agente público, previstos em número certo, com determinação própria e remunerados por pessoas jurídicas de direito público, devendo ser criados por Lei.

Empregos - são núcleos de encargo de trabalho a serem preenchidos por agentes contratados para desempenhá-los sob uma relação trabalhista (celetista). Sujeitam-se a uma disciplina jurídica que embora sofra algumas influências, basicamente são aquelas aplicadas aos contratos trabalhistas em geral.

Função - é a atribuição ou conjunto de atribuições que a Administração confere a cada categoria profissional, ou comete individualmente a determinados servidores para a execução de serviços eventuais ou temporários.

FORMAS DE PROVIMENTO DOS CARGOS PÚBLICOS

O Provimento ***é o preenchimento do cargo público***

Originária: pressupõe a **inexistência** de uma **relação jurídica anterior mantida entre o Servidor e a Administração.** A única forma de Provimento Originário é a nomeação, que pode ser realizada em **caráter Efetivo** ou para **Cargos de Provimento em Comissão.**

Nomeação

Cargo Efetivo: pressupõe **a aprovação em concurso público** de provas ou de provas e Títulos – sabemos que **a aprovação em concurso** NÃO ENSEJA O DIREITO ADQUIRIDO À NOMEAÇÃO.

Derivada: As formas derivadas de provimento dos cargos públicos, **decorrem de um vínculo anterior entre Servidor e Administração.**

Promoção
Readaptação
Reversão
Aproveitamento
Reintegração
Recondução

O servidor poderá progredir na mesma carreira, nos diversos escalões de uma mesma carreira. Diante do entendimento do **STF**, entendeu-se que **Ascensão Funcional** e a **Transferência** SÃO INCONSTITUCIONAIS.

Promoção: é a **elevação** de um Servidor **de uma classe para outra dentro de uma mesma carreira**. Com isso, houve a vacância de um cargo inferior e conseqüentemente o provimento do cargo superior.
Carreira: é o agrupamento de classes de cargos de uma mesma atividade

Readaptação: é a **passagem** do Servidor *para outro cargo compatível com a deficiência física que ele venha a apresentar.*

Reversão: é o **retorno ao Serviço Ativo** do Servidor **aposentado por invalidez** quando insubsistentes os motivos da aposentadoria – pode acontecer para o mesmo cargo se ele ainda estiver vago ou para um outro semelhante.
Se **não houver cargo vago**, o Servidor que reverter ficará como EXCEDENTE.

Aproveitamento: é o **retorno ao Serviço Ativo** do Servidor que **se encontrava em disponibilidade e foi aproveitado** – deve realizar-se em cargo semelhante àquele anteriormente ocupado.
A Administração **deve realizar o aproveitamento de forma prioritária**, antes mesmo de realizar concurso para aquele cargo.

Reintegração: é o **retorno ao Serviço Ativo** do Servidor **que fora demitido**, quando a demissão for anulada administrativamente ou judicialmente, **voltando para o mesmo cargo que ocupava anteriormente.**
Dá-se com o **ressarcimento de todas as vantagens** que o servidor deixou de receber durante o período em que esteve afastado.

Recondução: é o **retorno ao cargo anteriormente ocupado**, do servidor que **não logrou êxito no estágio probatório de outro cargo para o qual foi nomeado** decorrente de outro concurso.

Inconstitucionais

Transferência: Era a passagem de um Servidor de um quadro para outro dentro de um mesmo poder, também era uma forma de vacância e de provimento.
Ela implicava em uma mudança de um quadro para outro, ferindo uma norma constitucional. Foi considerada inconstitucional.

Ascensão: foi a modalidade considerada inconstitucional – significava a passagem de uma carreira para outra

FORMA DE VACÂNCIA DOS CARGOS PÚBLICOS

Exoneração a pedido: Não assume caráter disciplinar; se o servidor estiver respondendo a processo administrativo, não poderá ser exonerado a pedido.

Exoneração de Ofício:

Em relação aos ocupantes de cargos em comissão: Administração não precisa motivar o ato, pois o mesmo **é discricionário** – Servidor demissível "***ad nutum***".
Se houver indicação dos motivos, a Administração ficará vinculada a esses motivos – é a aplicação da TEORIA DOS MOTIVOS DETERMINANTES – terá que comprová-los.

Não aprovação no estágio probatório: Característica de **ato vinculado**, pois necessita *obedecer ao procedimento estabelecido na lei* e *apontar os motivos* em que se fundamenta.

Quando o servidor que já tomou posse no cargo público, não entra em exercício no prazo estabelecido na lei.

Demissão: Não existe **a pedido** (exoneração), diferentemente do celetista.

É **sempre punição disciplinar**. *Pressupõe processo administrativo disciplinar* no qual se *assegura a amplitude de defesa*.

Relativamente aos **cargos em comissão** e às **funções comissionadas** o equivalente à demissão é a **destituição de função ou de cargo**, quando houver cometimento de falta pelo servidor, devendo ser observado o devido processo legal (defesa).

Posse em outro cargo público inacumulável: Se o funcionário **prestar concurso e for nomeado para outro cargo** que NÃO POSSA ACUMULAR – tomando posse, a **vacância do outro cargo** é declarada.

Normalmente, o funcionário pede exoneração. Se **voltar ao cargo anterior**, por **não ter sido aprovado no estágio probatório**, haverá RECONDUÇÃO, voltando o atual ocupante ao cargo anterior.

Outras formas de vacância de cargos Públicos:
   Aposentadoria
   Falecimento.

NORMAS CONSTITUCIONAIS

Existem normas constitucionais **disciplinadoras** do Funcionalismo Público.

1) ESTABILIDADE

  Conceito: é *a garantia constitucional de permanência no serviço púbico*, outorgada a funcionário que, *tendo sido nomeado em caráter efetivo*, *ultrapassou o estágio probatório de 3 (TRÊS) ANOS.*

É necessário distinguir *efetividade* e *estabilidade*

  Efetividade: é uma *característica do provimento do cargo*, os cargos públicos podem ser providos em caráter *efetivo* ou em *comissão*.

    Efetivo: são aqueles cargos em que se exige aprovação em concurso público e pressupõem uma situação de permanência.

   Comissão: são os livremente nomeados, mas em caráter provisório. São de livre nomeação e exoneração.

    A efetividade refere-se ao **cargo**. É uma característica do provimento do cargo.

  Estabilidade: *é a permanência do Servidor Público*, nomeado para cargo de provimento efetivo em virtude de concurso público, *que satisfez o estágio probatório*. É por isso que se diz que estabilidade se dá no Serviço Público e não no cargo – é o direito de permanência no Serviço Público, mas não é o direito de permanência no mesmo cargo para o qual o Servidor foi nomeado.

    durante o estágio probatório o funcionário pode ser *exonerado* (simples dispensa) ou *demitido* (se comete falta grave). Sempre se exige um *procedimento administrativo*, pois, há necessidade do controle da legalidade, há necessidade de se justificar o ato.

    O estável não pode ser exonerado, a não ser a pedido. Para ser demitido se exige processo administrativo onde se assegure ampla defesa, ou por sentença transitado em julgado.

    O *servidor público estável* **só** PERDERÁ O CARGO:
    I - em virtude de sentença judicial transitada em julgado;
    II - mediante processo administrativo em que lhe seja assegurada ampla defesa;

III -   mediante procedimento de avaliação periódica de desempenho, na forma de lei complementar, assegurada ampla defesa.

*Ex.:   Imaginemos um **Servidor Público**, em cargo efetivo e estável. Um belo dia **É DEMITIDO** do serviço público. Pode ocorrer:*

a demissão foi INVALIDADA por decisão judicial

- ele será **REINTEGRADO**, e o *eventual ocupante da vaga*, <u>se</u> *estável*, será **RECONDUZIDO** ao cargo de origem, sem direito à indenização; **APROVEITADO** em outro cargo (de natureza e vencimento compatíveis) ou **POSTO EM DISPONIBILIDADE** com remuneração proporcional ao tempo de serviço.

o cargo que ele ocupava foi EXTINTO:

- **EXTINTO** o cargo ou declarada a sua desnecessidade, o *servidor estável* ficará **EM DISPONIBILIDADE**, com remuneração proporcional ao tempo de serviço, até seu adequado **APROVEITAMENTO** em outro cargo.

2) <u>EXERCÍCIO DE MANDATO ELETIVO</u>

Ao servidor público da administração direta, autárquica e fundacional, no exercício de mandato eletivo, aplicam-se as seguintes disposições:

I -   tratando-se de *mandato eletivo federal, estadual ou distrital*, <u>**FICARÁ**</u> *afastado de seu cargo, emprego ou função;*

II -   investido no *mandato de Prefeito*, <u>**SERÁ AFASTADO**</u> *do cargo, emprego ou função*, <u>sendo-lhe facultado optar pela sua remuneração</u>;

III -   investido no *mandato de Vereador*, <u>havendo compatibilidade de horários</u>, *perceberá as vantagens de seu cargo, emprego ou função, sem prejuízo da remuneração do cargo eletivo*, e, <u>não havendo compatibilidade</u>, será aplicada a norma do **inciso anterior**;

IV -   em qualquer caso que exija o afastamento para o exercício de mandato eletivo, *seu tempo de serviço será contado para todos os efeitos legais*, <u>**EXCETO**</u> *para promoção por merecimento*;

V -   para <u>efeito de benefício previdenciário</u>, no caso de afastamento, *os valores serão determinados como se no exercício estivesse.*

3) <u>ACESSIBILIDADE</u>

os **cargos, empregos e funções públicas** são <u>**acessíveis:**</u>

aos brasileiros que **preencham os <u>requisitos estabelecidos em lei</u>**,
aos **estrangeiros, <u>na forma da lei</u>;**

4) <u>CONDIÇÕES DE INGRESSO</u>

a investidura em cargo ou emprego público **depende de aprovação prévia em <u>CONCURSO PÚBLICO</u> de provas ou de provas e títulos,** na forma prevista em lei, **ressalvadas as nomeações para <u>cargo em comissão</u>** declarado em lei de *livre nomeação e exoneração*;

o prazo de validade do concurso público será de até dois anos, **prorrogável uma vez, por igual período;**

funções de confiança exercidas **exclusivamente** por servidores <u>ocupantes de cargo efetivo</u>;

cargos em comissão a serem **preenchidos por servidores de carreira** nos casos, condições e percentuais mínimos previstos em lei,

atribuições: de direção, chefia e assessoramento;

5) <u>PORTADORES DE DEFICIÊNCIAS</u>

a **lei reservará percentual** dos cargos e empregos públicos para as pessoas portadoras de deficiência e definirá os critérios de sua admissão;

não afasta a **EXIGÊNCIA** de **concurso público.**

6) <u>DIREITOS</u>

É GARANTIDO ao servidor público civil o **direito à livre associação sindical;**

o **direito de greve** será **exercido nos termos e nos limites** definidos em **lei específica;**

aos servidores militares são proibidas a sindicalização e a greve;

7) <u>SISTEMA REMUNERATÓRIO</u>

Vencimento = vencimento-base = retribuição pelo exercício do cargo público;

Remuneração = Vencimento + vantagens pecuniárias (adicionais);

Subsídio = espécie de **remuneração** que **proíbe o acréscimo** de qualquer gratificação, adicionais, abonos, prêmios, verbas de representação ou outra espécie remuneratória.

O membro de Poder, o detentor de mandato eletivo, os Ministros de Estado e os Secretários Estaduais e Municipais, Ministros do TCU, membros do Ministério Público, integrantes da Advocacia Pública e da Defensoria Pública e os servidores policiais: **serão remunerados exclusivamente por SUBSÍDIO fixado em parcela única.**

a **REMUNERAÇÃO** dos servidores públicos e os **SUBSÍDIOS** *somente poderão ser fixados ou alterados* por **LEI ESPECÍFICA**, observada a iniciativa privativa em cada caso, **assegurada revisão geral anual**, sempre na mesma data e **sem distinção de índices**;

TETO REMUNERATÓRIO: a **remuneração e o subsídio** dos ocupantes de cargos, funções e empregos públicos da administração direta, autárquica e fundacional, **NÃO PODERÃO EXCEDER O SUBSÍDIO MENSAL**, em espécie, dos **Ministros do Supremo Tribunal Federal;**

os **VENCIMENTOS** dos cargos do **Poder Legislativo e do Poder Judiciário NÃO PODERÃO SER SUPERIORES** aos pagos pelo **Poder Executivo;**

É VEDADA:

a **VINCULAÇÃO** (subordinação de um cargo a outro) ou **EQUIPARAÇÃO** (tratamento jurídico paralelo de cargos com funções desiguais) de *quaisquer espécies remuneratórias* para o **efeito de remuneração** de pessoal do serviço público;

EFEITO CASCATA - os acréscimos pecuniários percebidos por servidor público não serão computados nem acumulados para fins de concessão de acréscimos ulteriores;

Irredutibilidade de vencimentos e subsídios
Observando-se: **vedação do efeito cascata**; o **teto remuneratório** e o **princípio da igualdade tributária e incidência do IR.**

A União, os Estados, o Distrito Federal e os Municípios instituirão **Conselho de Política de Administração e Remuneração de Pessoal**, integrado por servidores designados pelos respectivos Poderes.

A fixação dos padrões de vencimento e dos demais componentes do sistema remuneratório observará:
I - a natureza, o grau de responsabilidade e a complexidade dos cargos componentes de cada carreira;
II - os requisitos para a investidura;
III - as peculiaridades dos cargos

8) PROIBIÇÃO DE ACUMULAÇÃO DE CARGOS

é vedada a acumulação remunerada de cargos públicos, exceto, quando houver compatibilidade de horários, OU quando forem observados os requisitos do teto remuneratório.

Poderão acumular cargos (Exceção):
  a) a de dois cargos de professor;
  b) a de um cargo de professor com outro, técnico ou científico;
  c) a de dois cargos privativos de médico;

a proibição de acumular estende-se a empregos e funções e abrange autarquias, fundações, empresas públicas, sociedades de economia mista, suas subsidiárias, e sociedades controladas, direta ou indiretamente, pelo poder público;

9) DIREITOS SOCIAIS DOS SERVIDORES OCUPANTES DE CARGOS PÚBLICOS

salário mínimo, fixado em lei, com reajustes periódicos que lhe preservem o poder aquisitivo, sendo vedada sua vinculação para qualquer fim;
décimo terceiro salário com base na remuneração integral ou no valor da aposentadoria;
remuneração do trabalho noturno superior à do diurno;
salário-família pago em razão do dependente do trabalhador de baixa ;
duração do trabalho normal não superior a oito horas diárias e quarenta e quatro semanais, facultada a compensação de horários e a redução da jornada, mediante acordo ou convenção coletiva de trabalho;
repouso semanal remunerado, preferencialmente aos domingos;
remuneração do serviço extraordinário superior, no mínimo, em cinqüenta por cento à do normal;

gozo de férias anuais remuneradas com, pelo menos, um terço a mais do que o salário normal;
licença à gestante, sem prejuízo do emprego e do salário, com a duração de cento e vinte dias;
licença-paternidade, nos termos fixados em lei;
proteção do mercado de trabalho da mulher, mediante incentivos específicos, nos termos da lei;
redução dos riscos inerentes ao trabalho, por meio de normas de saúde, higiene e segurança;
proibição de diferença de salários, de exercício de funções e de critério de admissão por motivo de sexo, idade, cor ou estado civil;

Direitos Sociais suprimidos pela EC nº 19/98

irredutibilidade do salário, salvo o disposto em convenção ou acordo coletivo;
  adicional de remuneração para as atividades penosas, insalubres ou perigosas, na forma da lei;

10) APOSENTADORIA

é o direito à inatividade remunerada.

A EC nº 20/98 implantou a **REFORMA PREVIDENCIÁRIA.**

Titular de Cargo Efetivo	SERVIDOR PÚBLICO	Demais Servidores
+ Regime previdenciário dos servidores públicos + Caráter contributivo;	observa o que couber ——————————▶	+ Regime geral da Previdência Social;

Modalidades de Aposentadoria

Por Invalidez Integral: acidente de serviço; moléstia profissional; doença grave, contagiosa ou incurável;

Por Invalidez Proporcional: demais casos;

Compulsória: **aos 70 anos**; o valor da aposentadoria será proporcional ao tempo de serviço;

Voluntária: requisitos mínimos: **10 anos** de efetivo exercício no serviço público e **5 anos** no cargo em que se dará a aposentadoria;

	Proventos integrais		Proventos Proporcionais ao tempo de contribuição
	IDADE	Tempo de contribuição	IDADE
HOMEM	60	35	65
MULHER	55	30	60

Professores de educação Infantil, ensino fundamental e ensino médio, para efeito de pedido de aposentadoria, devem reduzir em 5 anos os limites da tabela acima.

é vedada a adoção de requisitos e critérios diferenciados, ressalvados os casos de atividades sob condições que prejudiquem a saúde ou integridade física

Proventos da Aposentadoria:

1.   **totalidade da remuneração;**
não poderão exceder a remuneração dos servidores ativos;
vedada a percepção de mais de uma aposentadoria estatutária, salvo as decorrentes de **cargos acumuláveis** na atividade;
vedada a percepção de aposentadoria c/ remuneração de cargo, ressalvados os **cargos acumuláveis, em comissão e eletivos,** salvo anterior emenda, **por concurso público;**

revisão na mesma data e na mesma proporção (sempre que modificar a remuneração dos servidores em atividade);
extensão de quaisquer vantagens ou benefícios posteriormente concedidos, inclusive quando decorrentes de transformação ou reclassificação do cargo;
não poderão exceder o limite do teto remuneratório;

PENSÕES

é o pagamento efetuado à família do servidor em virtude de seu falecimento.

é igual ao valor dos proventos ou ao valor dos proventos a que teria direito o servidor em atividade;

revisão na mesma data e na mesma proporção (sempre que modificar a remuneração dos servidores em atividade);

extensão de quaisquer vantagens ou benefícios posteriormente concedidos, inclusive quando decorrentes de transformação ou reclassificação do cargo;

13) RESPONSABILIDADES DOS SERVIDORES PÚBLICOS

Improbidade Administrativa: Os atos de **improbidade administrativa** importarão a **suspensão dos direitos políticos**, a **perda da função pública**, a **indisponibilidade dos bens** e o **ressarcimento ao erário**, na forma e gradação previstas em lei, SEM PREJUÍZO DA AÇÃO PENAL CABÍVEL.

Ilícitos que causem prejuízo ao erário A lei estabelecerá os **prazos de prescrição** para ilícitos praticados por qualquer agente, servidor ou não;

ações de ressarcimento: NÃO HÁ PRESCRIÇÃO.3

RESPONSABILIDADE OBJETIVA As **PJ Direito Público e Privado**, prestadoras de serviços públicos **responderão pelos danos que seus agentes**, NESSA QUALIDADE, **causarem a terceiros** ...

RESPONSABILIDADE SUBJETIVA assegurado o direito de regresso contra o responsável **nos casos de dolo ou culpa.**

15. RESPONSABILIDADE CIVIL DO ESTADO

<u>Conceito:</u> A **RESPONSABILIDADE CIVIL**, também dita **EXTRACONTRATUAL**, tem como **pressuposto o dano** e **se exaure com a indenização**. Significa dizer *que sem dano não existe responsabilidade civil.*

RESPONSABILIDADE CIVIL:
           Responsabilidade Subjetiva: *COM CULPA*

Responsabilidade Objetiva: *SEM CULPA*

as **pessoas jurídicas de direito público** e as de **direito privado prestadoras de serviços públicos RESPONDERÃO PELOS DANOS QUE SEUS AGENTES**, nessa qualidade, **causarem a terceiros**, assegurado o **direito de regresso contra o responsável nos casos de dolo ou culpa.**

<u>Teorias Explicativas</u>

Teoria da Culpa Administrativa: leva em conta a falta de serviço, que compreende a **inexistência do serviço, o mau funcionamento do serviço ou o seu retardamento**, PARA QUE HAJA **responsabilização do Estado**, exigindo da vítima a efetiva comprovação da falta do serviço.

Teoria do Risco Administrativo: é a adotada no direito brasileiro; por ela, exige-se que a VÍTIMA COMPROVE, tão somente:
        a existência de um fato administrativo;
        a **existência de dano;**
        o **nexo causal** entre o fato administrativo e o dano;

Obs.:
1)   Para responsabilização do Estado, **não há argüição de culpa.**
2)   Para **eximir ou minorar sua responsabilidade**, o ESTADO DEVERÁ PROVAR, respectivamente, **que a culpa é exclusiva do lesado** ou **a culpa é concorrente.**

Teoria do Risco Integral: a teoria do risco integral é aquela **que não admite as causas excludentes da responsabilidade do Estado**, ou seja, **INDEPENDE DA EXISTÊNCIA DE CULPA** ou **mesmo de dolo do lesado.**

DIREITO DE REGRESSO: existindo dolo ou culpa do agente, a Administração Pública pode "cobrar" do agente as suas responsabilidades; a responsabilidade é passada ao agente que cometeu o ato infracional.

ATOS LEGISLATIVOS: Quando ocorrem efeitos concretos prejudiciais aos administrados, advindo dos atos legislativos, admite-se a responsabilização do Poder Público.

ATOS JUDICIAIS:
o **Estado indenizará** o condenado por erro judiciário, assim **como o que ficar preso além do tempo fixado na sentença;**
Responderá por perdas e danos o juiz, quando:
        I.   no **exercício de suas funções, proceder com dolo ou fraude;**
recusar, omitir ou retardar, sem justo motivo, **providência que deva ordenar de ofício, ou a requerimento da parte.**

16. <u>LICITAÇÃO</u>

<u>CONCEITO:</u>   é o **procedimento administrativo**, EXIGIDO POR LEI, para que o **Poder Público possa comprar, vender ou locar bens** ou, ainda, **realizar obras e adquirir serviços, segundo condições previamente estipuladas**, visando *selecionar a melhor proposta, ou o melhor candidato*, conciliando os

recursos orçamentários existentes à promoção do interesse público. É um **ato administrativo Formal** (o procedimento administrativo da Licitação)

FINALIDADES:

garantir a observância do princípio da isonomia - todos poderão participar da licitação;
selecionar a proposta mais vantajosa para a administração;
mostrar a eficiência e a moralidade nos negócios administrativos.

PRINCÍPIOS A SEREM OBSERVADOS NA LICITAÇÃO:

Legalidade: *agir em conformidade com a Lei*; impõe o administrador às prescrições legais que regem o procedimento em todos os seus atos e fases;

Impessoalidade: resguardar o interesse público, *evitar favoritismos e privilégios*; todos *os licitantes devem ser tratados igualmente*, em termos de direitos e obrigações.

Moralidade: *pautar-se por uma conduta honesta*, evitando conluios, acordos escusos, etc. *Nem tudo que é legal é moral* !

Publicidade: os *atos devem ser amplamente divulgados*, para **garantir**, inclusive, *a transparência da atuação administrativa*. Os atos licitatórios serão públicos desde que resguardados o sigilo das propostas;

Vinculação: *adstritos ao permitido no instrumento convocatório* da licitação, não podendo mudar as regras depois de iniciado o procedimento;

Julgamento: a *decisão a ser tomada pela Administração* DEVERÁ BASEAR-SE em *critérios concretos, claros e definidos no instrumento convocatório;*

Competitividade: não podem haver *regras que impeçam o acesso ao certame, de interessados;*

ATENÇÃO: *os princípios acima enunciados são de OBSERVÂNCIA OBRIGATÓRIA no procedimento licitatório. Se um dos princípios for afrontado, o procedimento licitatório será NULO.*

OBJETO DA LICITAÇÃO: ressalvados os casos especificados na legislação, as **obras, serviços, compras e alienações** serão **contratados mediante processo de licitação pública**, a qual somente *permitirá as exigências de qualificação técnica e econômica* indispensáveis à garantia do cumprimento das obrigações.

MODALIDADE DA EXECUÇÃO DOS SERVIÇOS

Execução Direta - a que é feita pelos órgãos e entidades da Administração, pelos próprios meios;

Execução Indireta - a que o órgão ou entidade contrata com terceiros, sob qualquer das seguintes modalidades:

a) **empreitada por preço global -** quando se contrata a execução da obra ou do serviço por **preço certo e total**;

b) **empreitada por preço unitário -** quando se contrata a execução da obra ou do serviço por **preço certo de unidades determinadas**;

c) **tarefa -** quando se ajusta *mão-de-obra para pequenos trabalhos* por **preço certo, com ou sem fornecimento de materiais**;

e) **empreitada integral -** quando se *contrata um empreendimento em sua integralidade*, compreendendo todas as etapas das obras, serviços e instalações necessárias, **sob inteira responsabilidade da contratada até a sua entrega ao contratante em condições de entrada em operação**;

REQUISITOS PARA LICITAÇÃO

Obras:
a) Existência de projeto básico;
b) Existência de orçamento detalhado;
c) Existência de Recursos Orçamentários;
d) Previsão no Plano Plurianual.

o descumprimento dos requisitos acima *pode acarretar* a **NULIDADE** dos atos (licitação e contrato) e a responsabilidade dos envolvidos; gera **IMPROBIDADE ADMINISTRATIVA**;

Compras:
a) Caracterização do objeto (não pode haver a indicação da marca);
b) Existência de recursos orçamentários;
c) Condições de armazenamento compatíveis com a aquisição;

o descumprimento dos requisitos acima *acarreta* a **NULIDADE** dos atos (licitação e contrato) e a **responsabilidade administrativa e penal de quem lhes deu causa.**

LICITANTE: quem se habilitou e participa do procedimento licitatório, atendendo ao ato da convocação.

NÃO PODEM SER **LICITANTES**:

O autor do projeto, básico ou executivo;
A empresa responsável pelo projeto básico ou executivo;
Servidor, dirigente de órgão ou entidade contratante ou responsável pela licitação;
Os membros da Comissão de Licitação.

OBRIGATORIEDADE DE LICITAR: A licitação é uma **EXIGÊNCIA CONSTITUCIONAL** para toda a Administração Púbica Direta e Indireta.

Subordinam-se ao regime desta lei, além dos órgãos da administração direta, os fundos especiais, as autarquias, as fundações públicas, as empresas públicas, as sociedades de economia mista e demais entidades controladas direta ou indiretamente pela União, Estados, Distrito Federal e Municípios.

COMISSÃO DE LICITAÇÃO: PERMANENTE ou ESPECIAL, criada pela Administração com a *função de receber, examinar e julgar todos os documentos e procedimentos relativos às licitações e ao cadastramento de licitantes.*

ADJUDICAÇÃO COMPULSÓRIA: deve ser entendido no sentido de que, se a Administração levar o procedimento a seu termo, a *adjudicação somente pode ser feita ao vencedor;* **não há**, portanto, **um direito subjetivo à adjudicação** quando a Administração opta pela **revogação do procedimento**, porque a *revogação motivada pode ocorrer em qualquer fase da licitação, desde que haja finalidade pública.*

DISPENSA DE LICITAÇÃO: **há possibilidade de competição** que justifique a licitação, de modo que a lei faculta a dispensa; o legislador decidiu não tornar o procedimento obrigatório.

ocorre dispensa nos casos de **situações excepcionais**, pois a demora seria incompatível com a urgência na celebração do contrato, contrariando o interesse público. Pode também *ocorrer por desinteresse dos particulares no objeto do contrato.*

os casos de **Dispensa de Licitação** são **TAXATIVOS** (não podem ser alterados).

CASOS DE DISPENSA DE LICITAÇÃO:

a dispensa da licitação fica na competência discricionária da Administração (**LICITAÇÃO DISPENSÁVEL**):

I - para obras e serviços de engenharia de valor **até 10 %** (dez por cento) do **limite previsto na modalidade carta-convite** (R$ 150.000,00),ou seja, **até R$ 15.000,00**;

II - para outros serviços e compras de valor **até 10 %** (dez por cento) do **limite previsto na modalidade carta-convite** (R$ 80.000,00), ou seja, **até R$ 8.000,00**;

III - nos casos de guerra ou grave perturbação da ordem;

IV - nos **casos de emergência ou de calamidade pública**, quando caracterizada urgência de atendimento de **situação que possa ocasionar prejuízo ou comprometer a segurança de pessoas, obras, serviços, públicos ou particulares**, e somente para os bens necessários ao atendimento da situação emergencial ou calamitosa;

V - *quando não existirem interessados à licitação anterior* e esta, justificadamente, *não puder ser repetida sem prejuízo para a*

Administração, mantidas, neste caso, todas as condições preestabelecidas. A isto denomina-se **LICITAÇÃO DESERTA;**

VI - quando a União tiver que **intervir no domínio econômico** para **regular preços ou normalizar o abastecimento;**

VII - quando as **propostas apresentarem preços manifestamente superiores ou incompatíveis aos praticados no mercado nacional;**

VIII - para a **aquisição ou restauração de obras de arte e objetos históricos, de autenticidade certificada**, desde que compatíveis ou inerentes às finalidades do órgão ou entidade.

existem casos de dispensa de licitação previstas na legislação (Lei 8666/93), e que escapam da discricionariedade da Administração. (**LICITAÇÃO DISPENSADA**):

I - **quando imóveis**, dependerá de **autorização legislativa** para órgãos da Administração direta e entidades autárquicas e fundacionais, e, **para todos**, inclusive as entidades paraestatais, **dependerá de avaliação prévia** e de **licitação na modalidade de concorrência**, DISPENSADA esta nos seguintes casos:
   a) dação em pagamento;
   b) doação, permitida exclusivamente para outro órgão ou entidade da Administração Pública;
   c) permuta, por outro imóvel;

II - **quando móveis**, dependerá de **avaliação prévia** e de **licitação**, DISPENSADA esta nos seguintes casos:
   a) doação, permitida exclusivamente para fins e uso de interesse social, após avaliação de sua oportunidade e conveniência sócio-econômica, relativamente à escolha de outra forma de alienação;
   b) permuta, permitida exclusivamente entre órgãos ou entidades da Administração Pública;
   c) venda de ações, que poderão ser negociadas em bolsa, observada a legislação específica;
   d) venda de títulos, na forma da legislação pertinente;
   e) venda de bens produzidos ou comercializados por órgãos ou entidades da Administração Pública, em virtude de suas finalidades;
   f) venda de materiais e equipamentos para outros órgãos ou entidades da Administração Pública, sem utilização previsível por quem deles dispõe.

A DISPENSA DEVERÁ SEMPRE SER MOTIVADA (PRINCÍPIO DA MOTIVAÇÃO).

INEXIGIBILIDADE DE LICITAÇÃO: existe a ***impossibilidade jurídica de competição entre os contratantes;*** geralmente **ocorre pela notória especialização de renomado profissional ou** pela **singularidade do objeto**, tornando o certame inviável. O procedimento licitatório será impossível de ser deflagrado.

CASOS DE INEXIGIBILIDADE DE LICITAÇÃO

I -   para aquisição de materiais, equipamentos; ou gêneros que só possam ser fornecidos por produtor, empresa ou representante comercial exclusivo;

II -   para a contratação de serviços técnicos de natureza singular, com profissionais ou empresas de notória especialização, **vedada a inexigibilidade para serviços de publicidade e divulgação;**

III -   para contratação de profissional de qualquer setor artístico, diretamente ou através de empresário exclusivo, desde que consagrado pela crítica especializada ou pela opinião pública.

A INEXEGIBILIDADE DEVERÁ SEMPRE SER MOTIVADA (PRINCÍPIO DA MOTIVAÇÃO).

LICITAÇÃO FRACASSADA: Na licitação fracassada aparecem interessados, mas nenhum é selecionado em **decorrência da inabilitação ou desclassificação**.   Na **Licitação Fracassada** a *dispensa não é possível.*

os casos de **INEXIGIBILIDADE de Licitação NÃO SÃO TAXATIVOS** (podem ser alterados ou surgirem outros casos).

SANÇÕES PENAIS: O crime praticado no que diz respeito às Licitações é denominado **Ação Penal Pública Incondicionada**, e cabe ao Ministério Público promovê-la, sendo que é permitida, também, a qualquer pessoa provocar a iniciativa do MP.

a pena aplicada será **DETENÇÃO** e **MULTA**, em quantia fixada entre **2% a 5%** do **valor do contrato**. As penas *são cumulativas.*

No caso da **comprovação de superfaturamento**, devido à dispensa ou inexigibilidade de licitação, **RESPONDEM SOLIDARIAMENTE** pelo dano causado à Fazenda Pública **o fornecedor ou o prestador de serviços e o agente público responsável**, sem prejuízo de outras sanções legais cabíveis

FASES DA LICITAÇÃO

Fase Interna: inicia-se na repartição interessada, com a abertura do processo em que a autoridade determina sua realização. É definido o objeto e indicado os recursos hábeis para a despesa.

Fase Externa: desenvolve-se através de: *audiência pública; edital ou carta-convite; recebimento da documentação e propostas; habilitação; julgamento das propostas; adjudicação e homologação*.

PROCEDIMENTO DA LICITAÇÃO   O procedimento será iniciado com a abertura de processo administrativo, devidamente autuado, protocolado e numerado, contendo a autorização respectiva, a indicação sucinta de seu objeto e do recurso próprio para a despesa, e ao qual serão juntados oportunamente:

Edital: é o instrumento pelo qual a Administração **leva ao conhecimento do público** a abertura da <u>concorrência</u>, <u>tomada de preços</u>, <u>concurso</u> ou <u>leilão</u>, *divulgando as regras a serem aplicadas* em determinado procedimento de licitação;

        É a **lei interna da Licitação**.
        Não é utilizado na modalidade carta-convite
        o que se publica não é o edital e seus anexos, mas tão somente o seu resumo, chamado de **aviso**.

        Qualquer cidadão é parte legítima para impugnar edital de licitação por irregularidade na aplicação desta lei, devendo protocolar o pedido até 5 (cinco) dias úteis antes da data fixada para a abertura dos envelopes de habilitação, devendo a Administração julgar e responder à impugnação em até 3 (três) dias úteis.

Habilitação: é a fase do procedimento em que a **Administração verifica a aptidão do candidato para futura contratação.**   Na **carta-convite, leilão e concurso**, NÃO EXISTE A HABILITAÇÃO.

        nesta fase são eliminados os proponentes que não atenderem aos termos e condições do edital.
        Os habilitados são confirmados e os demais são alijados.
        Contra o ato de habilitação cabe recurso hierárquico (paralisa o processo);
        É iniciada a aptidão, onde são examinados os documentos;

        Atenção:

        O **licitante inabilitado** não poderá participar dos atos subseqüentes;

        Ultrapassada a fase de habilitação dos concorrentes e abertas as propostas, **não cabe desclassificá-los por motivo relacionado com a habilitação,** salvo em razão de fatos supervenientes ou só conhecidos após o julgamento;

        Após a fase de habilitação, NÃO CABE DESISTÊNCIA DE PROPOSTA, salvo motivo justo decorrente de fato superveniente e aceito pela Comissão.

Julgamento: em local e dia designados, são abertos os envelopes dos proponentes habilitados, ou seja, o envelope com as propostas. No julgamento das propostas, **a comissão levará em consideração** OS CRITÉRIOS OBJETIVOS **definidos no edital ou convite**, os quais não devem contrariar as normas e princípios estabelecidos pela lei.

Desclassificação de Propostas: as que não atendam às exigências do ato convocatório da licitação e as com valor global superior ao limite estabelecido ou com preços manifestamente inexeqüíveis.

Licitação Fracassada   **TODOS os licitantes inabilitados** ou
TODAS as propostas desclassificadas.

Não se admitirá proposta que apresente preços global ou unitários simbólicos, irrisórios ou de valor zero, incompatíveis com os preços dos insumos e salários de mercado, acrescidos dos respectivos encargos, ainda que o ato convocatório da licitação não tenha estabelecido limites mínimos.

Tipos de Licitação para <u>obras</u>, <u>serviços</u> e <u>compras</u>, exceto nas modalidades de **concurso** e **leilão**:

I -   a de menor preço – (mais utilizada);
II -   a de melhor técnica;
III -   a de técnica e preço.

Homologação: é o ato de controle da autoridade competente sobre o processo de licitação, ou seja, **eqüivale à aprovação do procedimento**.

Adjudicação: significa que a Administração confere ao licitante a qualidade de vencedor do certame e o de titular da preferência para celebração do futuro contrato. Da Adjudicação surtem os seguintes efeitos:

direito de contratar;
impedimento do licitante em contratar com terceiros;
liberação dos demais proponentes;
direito dos demais proponentes à retirada dos documentos apresentados;
vinculação do adjudicatário aos encargos, termos e condições fixados no edital.

MODALIDADES DE LICITAÇÃO:

1. CONCORRÊNCIA
2. TOMADA DE PREÇOS
3. CONVITE
4. CONCURSO
5. LEILÃO.
6. PREGÃO.

1. CONCORRÊNCIA: Modalidade de licitação **entre quaisquer interessados** que, na fase inicial de habilitação preliminar, comprovem possuir os requisitos mínimos exigidos no edital para execução de seu objeto.

É exigida concorrência : modalidade adequada para contratações de grande valor.

1. Para **obras e serviços de engenharia acima de R$ 1.500.000,00**;
Para **compras e serviços acima de R$ 650.000,00**.
Qualquer que seja o valor do seu objeto, na **compra** ou **alienação de bens imóveis**, nas **concessões de direito real de uso** e nas **licitações internacionais.**

Publicidade ampla: prazo de 30 dias corridos, no mínimo, antes da data de encerramento da entrega dos envelopes;

2. TOMADA DE PREÇOS: Modalidade de licitação **entre interessados devidamente cadastrados ou que atenderem a todas condições exigidas para o cadastramento** até o 3º dia anterior à data do recebimento das propostas.

É Exigida Tomada de Preços: modalidade adequada para contratações de vulto médio.

1. Para **obras e serviços de engenharia – até R$ 1.500.000,00**;
Para **compras e serviços até R$ 650.000,00**.
Pode-se adotar Tomada de Preços nas Licitações internacionais, se a Administração possuir cadastro internacional.

Publicidade ampla: prazo de 30 dias corridos, no mínimo, antes da data de encerramento da entrega dos envelopes;

3. CARTA - CONVITE: É a modalidade de licitação **entre interessados do ramo pertinente ao seu objeto, cadastrados ou não, escolhidos e convidados em número mínimo de três pela unidade administrativa**, a qual afixará, em local apropriado, cópia do instrumento convocatório e o estenderá aos demais cadastrados na correspondente especialidade que manifestarem seu interesse com antecedência de até 24 horas da apresentação das propostas.

É exigida Carta - Convite:

1. Para **obras e serviços de engenharia – até R$ 150.000,00.**
2. Para **compras e serviços – até R$ 80.000,00.**

nos casos em que couber **carta-convite**, a Administração poderá utilizar a **Tomada de Preços** e, em qualquer caso, a **Concorrência**.

Publicidade: feita diretamente aos convidados; a publicidade ampla é facultativa. Prazo de 5 dias úteis, no mínimo, antes da data de encerramento da entrega dos envelopes;

4. CONCURSO: É a modalidade de licitação **entre quaisquer interessados para escolha de trabalho técnico, científico ou artístico**, MEDIANTE a **instituição de prêmios ou remuneração aos vencedores**.

Publicidade ampla: Prazo de 45 dias corridos, no mínimo, entre a publicação do Edital e antes da data de encerramento da entrega dos envelopes;

5. LEILÃO: É a modalidade de licitação **entre quaisquer interessados para a venda de bens móveis inservíveis para** a Administração **ou de produtos legalmente apreendidos**. O leilão também pode ser utilizado para a alienação de bens imóveis, cuja aquisição haja derivado de procedimentos judiciais ou de dação em pagamento. É considerado vencedor do leilão aquele que oferecer o maior lance, igual ou superior ao valor da avaliação.

permite a participação de qualquer interessado;
não há exigência de habilitação;

Publicidade ampla: Prazo de 15 dias corridos antes da data da realização do leilão.

6. PREGÃO: é a modalidade de licitação **para a aquisição de bens e serviços comuns,** promovida **EXCLUSIVAMENTE NO ÂMBITO DA UNIÃO**, qualquer que seja o valor estimado da contratação, em que a disputa pelo fornecimento é feita por meio de propostas e lances em sessão pública.

ANULAÇÃO E REVOGAÇÃO:

A autoridade competente para a aprovação do procedimento somente poderá **REVOGAR** a **licitação** por **RAZÕES DE INTERESSE PÚBLICO** decorrente de **fato superveniente** devidamente comprovado, pertinente e suficiente para justificar tal conduta;

A autoridade competente somente poderá **ANULÁ-LA** por **ILEGALIDADE**, *de ofício ou por provocação de terceiros*, **mediante parecer escrito e devidamente fundamentado.**

A **ANULAÇÃO** do **procedimento licitatório** por motivo de **ilegalidade** não gera **obrigação de indenizar**;

Anulação – Pressupõe a ILEGALIDADE no procedimento.

Revogação – Fundamenta-se em CONVENIÊNCIA E OPORTUNIDADE. O seu fundamento deve ser posterior à abertura da licitação.

17. BENS E DOMÍNIO PÚBLICO

Conceito São todos os bens que pertencem às pessoas jurídicas de Direito Público, isto é, União, Estados, Distrito Federal, Municípios, Autarquias e Fundações Públicas. O Domínio Público em sentido amplo é o poder de dominação ou de regulamentação que o Estado exerce sobre os bens do seu patrimônio (**bens públicos**), ou sobre os bens do patrimônio privado (**bens particulares de interesse público**), ou sobre as coisas inapropriáveis individualmente, mas de fruição geral da coletividade (*res nullius*).

Classificação os bens públicos podem ser federais, estaduais ou municipais, conforme a entidade política a que pertençam ou o serviço autárquico, fundacional ou paraestatal a que se vinculem.

FEDERAIS – são bens da União:
os que atualmente lhe pertencem e os que vierem a ser atribuídos;
as terras devolutas;
os lagos, rios e correntes de água em terrenos de seu domínio, ou que banhem mais de um Estado ou sirvam de limites com outros países, bem como os terrenos marginais e as praias fluviais;
as ilhas fluviais; as praias marítimas; as ilhas oceânicas e costeiras;
os recursos naturais da plataforma continental;
o mar territorial e os terrenos de marinha e seus acrescidos;
os potenciais de energia hidráulica e os recursos minerais, inclusive os do subsolo;
as cavernas e sítios arqueológicos;

ESTADUAIS – incluem-se entre os bens dos Estados:
as águas superficiais ou subterrâneas, fluentes, emergentes e em depósito, ressalvadas as decorrentes de obras da União;
as áreas, nas ilhas oceânicas e costeiras, que estiverem em seu domínio;
as ilhas fluviais e lacustres não pertencentes à União;
as terras devolutas não compreendidas entre as da União;

MUNICIPAIS –
os que atualmente lhe pertencem e os que vierem a ser atribuídos;
ruas, praças e áreas dominiais;

Obs.: Todos os bens públicos são bens nacionais, por integrantes do patrimônio da Nação, na sua unicidade estatal, mas, embora politicamente componham o acervo nacional, civil e administrativamente pertencem a cada uma das entidades públicas que os adquiriram.

Categorias Segundo a destinação, o Código Civil reparte os bens públicos em três categorias:
I – **Bens de uso comum do povo ou de Domínio Público** são os que se destinam à utilização geral pela coletividade. *Ex.: mares, rios, estradas, ruas e praças;*
II – **Bens de uso especial ou do Patrimônio Administrativo Indisponível** São os que se destinam à execução dos serviços administrativos e serviços públicos em geral. *Ex.: um prédio em que esteja instalado um hospital público ou sirva de sede para determinado órgão público; os veículos da administração;*
III – **Bens dominicais ou do Patrimônio Disponível** São os bens que embora constituam o patrimônio público, não possuem uma destinação pública determinada ou um fim administrativo específico. *Ex.: as terras sem destinação pública específica (terras devolutas), os prédios públicos desativados e os móveis inservíveis.*

Afetação Diz-se que um bem está afetado quando está sendo utilizado para um fim público determinado, seja diretamente pelo Estado, seja pelo uso de particulares em geral. É a atribuição a um bem público de sua destinação específica. Pode ocorrer de modo explícito (Lei) ou de modo implícito (não determinado em Lei). _Ex.: os bens de uso comum o os bens de uso especial são BENS AFETADOS, pois têm em comum o fato de estarem destinados a serviços específicos._
Os Bens Dominicais são **desafetados**

Desafetação É a mudança da forma de destinação do Bem. Em regra, a desafetação visa a incluir bens de uso comum ou do povo ou bens de uso especial na categoria de bens dominicais. É feita com a autorização legislativa, através de Lei Específica. Um dos propósitos para realizar a Desafetação é a possibilidade de alienação, através de concorrência pública ou licitação.
Para ser alienado, o bem não poderá estar afetado a um fim público;

Formas de Utilização dos Bens Públicos p/ Particulares

Autorização de uso é o ato unilateral, discricionário e precário pelo qual a Administração consente na prática de determinada atividade individual incidente sobre um bem público. Não tem forma nem requisitos especiais para sua efetivação, pois visa apenas a atividades transitórias e irrelevantes para o Poder Público. _Ex.: autorizações para a ocupação de terrenos baldios, para a retirada de água em fontes não abertas ao uso comum do povo._
Tais autorizações não geram privilégios contra a Administração ainda que remuneradas e fruídas por muito tempo, e, por isso mesmo, dispensam lei autorizativa e licitação para seu deferimento.

Permissão de uso é o ato negocial (com ou sem condições, gratuito ou oneroso, por tempo certo ou determinado), unilateral, discricionário e precário através do qual a Administração faculta ao particular a utilização individual de determinado bem público. Esta permissão é sempre modificável e revogável unilateralmente pela Administração, quando o interesse público o exigir. _Ex.: bancas de jornais, os vestiários em praias, etc._
A revogação faz-se, em geral, sem indenização, salvo se em contrário se dispuser, pois a regra é a revogabilidade sem ônus para a Administração.
O ato da revogação deve ser idêntico ao do deferimento da permissão e atender às condições nele previstas.
Qualquer bem público admite permissão de uso especial a particular, desde que a utilização seja também de interesse da coletividade que irá fruir certas vantagens desse uso, que se assemelha a um serviço de utilidade pública;
Se não houver interesse para a comunidade, mas tão-somente para o particular, o uso especial não deve ser permitido nem concedido, mas simplesmente autorizado, em caráter precaríssimo.

Cessão de uso é a transferência gratuita da posse de um bem público de uma entidade ou órgão para outro, a fim de que o cessionário o utilize nas condições estabelecidas no respectivo termo, por tempo certo ou indeterminado. É ato de colaboração entre repartições públicas, em que aquela que tem bens desnecessários aos seus serviços cede o uso a outra que deles está precisando.
A cessão de uso entre órgãos da mesma entidade não exige autorização legislativa
Quando, porém, a cessão é para outra entidade, necessário se torna autorização legal;
Em qualquer hipótese, a cessão de uso é ato de administração interna que não opera a transferência da propriedade e, por isso, dispensa registros externos.

Concessão de uso é o contrato administrativo pelo qual o poder Público atribui a utilização exclusiva de um bem de seu domínio a particular, para que o explore segundo sua destinação específica. A concessão pode ser remunerada ou gratuita, por tempo certo ou indeterminado, mas deverá ser sempre precedida de autorização legal e, normalmente, de concorrência para o contrato. *Ex.: concessão de uso remunerado de um hotel municipal, de áreas em mercado ou de locais para bares e restaurantes em edifícios ou logradouros públicos.*
Sua outorga não é nem discricionária nem precária, pois obedece a normas regulamentares e tem a estabilidade relativa dos contratos administrativos, gerando direitos individuais e subjetivos para o concessionário;
Tal contrato confere ao titular da concessão de uso um direito pessoal de uso especial sobre o bem público, privativo e intransferível sem prévio consentimento da Administração, pois é realizado ***intuitu personae***, embora admita fins lucrativos.
Obs.: O que caracteriza a concessão de uso e a distingue dos demais institutos assemelhados – autorização e permissão de uso – é o caráter contratual e estável da outorga do uso do bem público ao particular, para que o utilize com exclusividade e nas condições convencionadas com a Administração.

Concessão de direito real de uso é o contrato pelo qual a Administração transfere o uso remunerado ou gratuito de terreno público a particular, como direito real resolúvel, para que dele se utilize em fins específicos de urbanização, industrialização, edificação, cultivo ou qualquer outra exploração de interesse social. *Ex.: mini-distritos industriais;*
é transferível por ato inter vivos ou por sucessão legítima ou testamentária, a título gratuito ou remunerado, como os demais direitos reais sobre coisas alheias, com a diferença de que o imóvel reverterá à Administração concedente se o concessionário ou seus sucessores não lhe derem o uso prometido ou o desviarem de sua finalidade contratual.
A concessão de direito real de uso pode ser outorgada por escritura pública ou termo administrativo,
Desde a inscrição o concessionário fruirá plenamente o terreno para os fins estabelecidos no contrato e responderá por todos os encargos civis, administrativos e tributários que venham a incidir sobre o imóvel e suas rendas.

Enfiteuse ou aforamento é o instituto civil que permite ao proprietário atribuir a outrem o domínio útil de imóvel, pagando a pessoa que o adquire (**enfiteuta**) ao senhorio direto uma pensão ou foro, anual, certo e invariável. Consiste, pois, na transferência do domínio útil de imóvel público a posse, uso e gozo perpétuos da pessoa que irá utilizá-lo daí por diante.
Em linguagem técnica, aforamento ou enfiteuse é o direito real de posse, uso e gozo pleno da coisa alheia que o titular (foreiro ou enfiteuta) pode alienar e transmitir hereditariamente, porém, com a obrigação de pagar perpetuamente uma pensão anual (foro) ao senhorio direto.

> **Domínio útil** consiste no direito de usufruir o imóvel do modo mais completo possível e de transmiti-lo a outrem, por ato entre vivos ou por testamento.
> **Domínio direto**, também chamado domínio eminente, é o direito à substância mesma do imóvel, sem as suas utilidades.
> **Foro, cânon ou pensão** é a contribuição anual e fixa que o foreiro ou enfiteuta paga ao senhorio direto, em caráter perpétuo, para o exercício de seus direitos sobre o domínio útil do imóvel.

Laudêmio é a importância que o foreiro ou enfiteuta paga ao senhorio direto quando ele, senhorio, renuncia seu direito de reaver esse domínio útil, nas mesmas condições em que o terceiro o adquire.

Características dos Bens Públicos

Inalienabilidade é característica original do bem público que restringe de forma efetiva a possibilidade de sua alienação. Esta característica não se apresenta de modo absoluto, ou seja, pode ser mudada atraáves de lei.

Imprescritibilidade decorre como conseqüência lógica de sua inalienabilidade originária. E é fácil demonstrar a assertiva: se os bens públicos são originariamente inalienáveis, segue-se que ninguém os pode adquirir enquanto guardarem essa condição. Daí não ser possível a invocação de usucapião sobre eles.

Impenhorabilidade os bens públicos não estão sujeitos a serem utilizados para satisfação do credor na hipótese de não-cumprimento da obrigação por parte do Poder Público. Decorre de preceito constitucional que dispõe sobre a forma pela qual serão executadas as sentenças judiciárias contra a Fazenda Pública, sem permitir a **penhora de seus bens**. Admite, entretanto, o seqüestro da quantia necessária à satisfação do débito, desde que ocorram certas condições processuais através de **precatório**

Não-oneração É a impossibilidade dos bens públicos serem gravados com direito real de garantia em favor de terceiros. Os bens públicos não podem ser objeto de **Hipoteca**.

"Só aquele que pode alienar poderá hipotecar ou empenhar. Só as coisas que se podem alienar poderão ser dadas em penhor ou hipoteca" (CC, art. 756).

-FIM-

MEMORIZE

ESPÉCIES DE ATOS ADMINISTRATIVOS:

NORMATIVOS, ORDINATÓRIOS, NEGOCIAIS, ENUNCIATIVOS E PUNITIVOS.

ELEMENTOS DO ATO ADMINISTRATIVO:

COMPETÊNCIA, FINALIDADE, FORMA, MOTIVO E OBJETO

ATOS ADMINISTRATIVOS QUE NÃO PODEM SER DELEGADOS:

Lei 9784/99 - Art. 13. Não podem ser objeto de delegação:

I - a edição de Atos de caráter NOrmativo;

II - a decisão de Recursos Administrativos;

III - as matérias de competência EXclusiva do órgão ou autoridade.

SANÇÕES AO SERVIDOR QUE COMETER ATO DE IMPROBIDADE:

Art. 37, § 4º - Os atos de improbidade administrativa importarão a suspensão dos direitos políticos, a perda da função pública, a indisponibilidade dos bens e o ressarcimento ao erário, na forma e gradação previstas em lei, sem prejuízo da ação penal cabível.

SUspenção dos direitos políticos

PERda da função pública

Indisponibilidade de bens

RES sarcimento ao erário

Formas de PROVIMENTO de cargo público:

Art. 8o São formas de provimento de cargo público:

I - nomeação;

II - promoção;

V - readaptação;

VI - reversão;

VII - aproveitamento;

VIII - reintegração;

IX - recondução.

Art. 137. A demissão ou a destituição de cargo em comissão, por infringência do art. 117, incisos IX e XI, incompatibiliza o ex-servidor para nova investidura em cargo público federal, pelo prazo de 5 (cinco) anos.

HIPÓTESES DE VACÂNCIA NO SERVIÇO PÚBLICO: ART.33 LEI 8112/90

I - exoneração;

II - demissão;

III - promoção;

VI - readaptação;

VII - aposentadoria;

VIII - posse em outro cargo inacumulável;

IX - falecimento.

Lei 8112/90

Art. 137, Parágrafo único. Não poderá retornar ao serviço público federal o servidor que for demitido ou destituído do cargo em comissão por infringência do art. 132, incisos I, IV, VIII, X e XI.

CRime contra a administração pública

IMprobidade administrativa

Aplicação irregular de dinheiros públicos

LEsão aos cofres públicos e dilapidação do patrimônio nacional

COrrupção

PRINCÍPIOS IMPLÍCITOS DE DIREITO ADMINISTRATIVO

Os Princípios elencados no artigo 37 da Constituição Federal não esgotam o acervo principiológico do regime jurídico-administrativo. Diante disso, há outros princípios expressos em artigos distintos bem como há, também, princípios implícitos.

P = Presunção de Legitimidade

R = Razoabilidade

I = Indisponibilidade do Interesse Público

M = Motivação

C = Continuidade do Serviço Público

E = Especialidade

S = Supremacia do Interesse Público

A = Autotutela

"Art. 37 – A administração pública direta e indireta de qualquer dos Poderes da União, dos Estados, do Distrito Federal e dos Municípios obedecerá aos princípios de legalidade, impessoalidade, moralidade, publicidade e eficiência e, também, ao seguinte: (...)"

IMPROBIDADE ADMINISTRATIVA

O agente público que incorre em improbidade administrativa éSUPER IRRESponsável.

Sobre ele recairá algumas consequências constitucionais:

SU = SUspensão dos direitos políticos

PER = PERda da função pública

I = Indisponibilidade dos bens

RES = RESsarcimento ao erário

FORMAS DE PROVIMENTO DO CARGO PÚBLICO

Esse macete visa a memorização de algumas das formas de provimento de cargo público:

ReVersão = V de Velhinho, aposentado. É a volta do aposentado por invalidez ou pelo interesse da administração.

ReaDaptação = D de Doente. A investidura do servidor em cargo compatível com uma limitação física que tenha sofrido (doença, acidente, etc).

REINtegração = Lembre-se de REINvestidura. Uma nova investidura do servidor em seu cargo, após a invalidação de sua demissão.

Recondução = volta: lembre-se que é a volta do servidor ao cargo que ocupava anteriormente ao atual.

PRINCÍPIOS DA ADMINISTRAÇÃO PÚBLICA

Já aprendemos em macete anterior os princípios constitucionais da Administração Pública: LIMPE (Legalidade, Impessoalidade, Moralidade, Publicidade, Eficiência)

Outros princípios podem ser encontrados na Lei 9.784/99, art. 2º, Lei 8.666/93.

C = Continuidade

H = Hierarquia

A = Auto-executoriedade

I = Isonomia

M = Motivação

P = Presunção de legitimidade

A = Auto-tutela

R = Razoabilidade

I = Indisponibilidade do interesse público

S = Supremacia do interesse público

INEXIBILIDADE DE LICITAÇÃO – art. 25 da Lei 8666/93

ARTISTA consagrado pela crítica

Exclusivo (representante comercial)

NOtória Especialização (profissionais ou empresa – serviços técnicos)

Art. 25. É inexigível a licitação quando houver inviabilidade de competição, em especial:

I – para aquisição de materiais, equipamentos, ou gêneros que só possam ser fornecidos por produtor, empresa ou representante comercial exclusivo, vedada a preferência de marca, devendo a comprovação de exclusividade ser feita através de atestado fornecido pelo órgão de registro do comércio do local em que se realizaria a licitação ou a obra ou o serviço, pelo Sindicato, Federação ou Confederação Patronal, ou, ainda, pelas entidades equivalentes;

II – para a contratação de serviços técnicos enumerados no art. 13 desta Lei, de natureza singular, com profissionais ou empresas de notória especialização, vedada a inexigibilidade para serviços de publicidade e divulgação;

III – para contratação de profissional de qualquer setor artístico, diretamente ou através de empresário exclusivo, desde que consagrado pela crítica especializada ou pela opinião pública.

DISPENSA DE LICITAÇÃO

A alienação de bens imóveis da Administração Pública, dependerá de autorização legislativa para órgãos da administração direta e entidades autárquicas e fundacionais, e, para todos, inclusive as entidades paraestatais, dependerá de avaliação prévia e de licitação na modalidade de concorrência, dispensada esta nos seguintes casos:dação em pagamento, doação, investidura, legitimação de posse,alienação, concessão de direito real de uso, locação ou permissão de uso e permuta

E é só lembrar que ele é perneta e por isso tenho que levar ele noCOLO (COncessão de direito real de uso e LOcomoção ou permissão de uso)DAção em pagamento

DOação

INVEstidura

LEGÍTIMação de posse

ALIENação

PERmutaCOncessão de direito real de uso

LOcação ou permissão de uso

PRINCÍPIOS DA ADMINISTRAÇÃO PÚBLICA:

Este macete é bastante conhecido, porém, resolvemos postar para as pessoas que estão começamdo agora a se familiarizar com os macetes....

O art. 37 da CF/88 expõe os Princípios da Administração Pública: A administração pública direta e indireta de qualquer dos Poderes da União, dos Estados, do Distrito Federal e dos Municípios obedecerá aos princípios de legalidade, impessoalidade, moralidade, publicidade e eficiência...

A figura mostra um funcionário público (lembre da administração pública) limpando o Congresso Nacional....LIMPE!!!!

L = Legalidade

I = Impessoalidade

M = Moralidade

P = Publicidade

E = EficiênciaObservação: estes princípios estão expressos na CF/88. Há outros princípios que estão elencados nas leis nº 9784/99 e 8666/93.

REQUISITOS DO ATO ADMINISTRATIVO

Requisitos constantes do art. 2º da Lei nº 4.717/65 (Lei da ação popular), cuja ausência provoca a invalidação do atos. São eles: competência, objeto, forma, motivo e finalidade.Para facilitar segue um macete:

S = Sujeito competente

O = Objeto lícito

F = Forma

M = Motivo

F = Finalidade

ATRIBUTOS DO ATO ADMINSTRATIVO:

P = Presunção de Legitimidade

A = Auto executoriedade

I = Imperatividade

ATENÇÃO: Maria Silvia Di Pietro afirma existir mais um atributo: tipicidade, logo se você adere este entendimento, a palavra é: PATI

P – presunção de legitimidade e veracidade

A – auto-executoriedade

T – tipicidade

I -imperatividade